마법처럼 풀리는

마플중국어

기초

어휘 / 문장

머리말

마풀중국어는 훈민정음 창제 원리를 바탕으로 우리말과 중국어와의 관계를 연구하여 중국어를 한글로 배워야 하는 방법을 제시하고, 온라인 학습 중 유일하게 자가학습(문제풀이)이 가능한 브랜드이다.

마풀 연구진은 우리말과 중국어 사이에 비슷한 발음이 많고, 일정한 발음 규칙이 있다는 사실을 기반으로 각종 옛 문헌과 사료, 실록 등을 매우 심도 있게 연구하였다. 그렇게 노력한 끝에 지금까지 우리나라 중국어 교육 프로그램에서는 볼 수 없었던 '마풀중국어'를 개발하게 되었다.

마풀이라는 이름처럼 그야말로 '마법처럼 풀리는' 중국어 프로그램인 것이다.

'선지자가 고향에서는 정작 대접을 못 받는다'는 말이 있다. 어릴 때부터 같이 보고 자랐던 사람이 시간이 지나 선지자가 되어 고향에 나타나니 아무도 거들떠도 안보더라는 말이다.

현재 우리의 글자인 '훈민정음'이 이러한 처지에 놓여있다고 생각한다. 우리가 어릴 때 배워서 당연하게 사용하다 보니 정작 훈민정음의 진짜 가치와 위대성을 놓치고 있는 것이다.

훈민정음은 지금부터 570여 년 전에 세종대왕께서 직접 창제하신 글자이다. 창제 당시 훈민정음은 자음 17자, 모음 11자로 28자에 불과한 글자지만, 세계 모든 사람의 입에서 나오는 소리를 모두 표현해 쓸 수 있는 글자였다. 그런데 오늘날 우리가 쓰는 글자는 24자이다. 4글자(ㆆ여린 히읗, ㆁ꼭지이응·아래아, ㅿ반치음)가 사라진 것이다. 사라진 4글자 외에도 ㅸ(순경음 비읍), ㆄ(순경음 피읖), ㅥ(쌍리을) 등의 소중한 글자들이 일제강점기 일본 학자들에 의해 강제로 사라졌고, 아직까지도 우리 곁에 돌아오지 못하고 있다.

마법처럼 풀리는
마풀중국어

이는 매우 안타까운 일이다. 마풀중국어 연구진은 훈민정음의 창제 원리 속에 숨겨진 우리말과 중국어, 나아가 세계 언어에 대한 비밀을 파헤치면서 많은 시간을 보냈다.

연구진과 마풀중국어를 개발하는 일은 17년 동안 대한민국에서 언어 관련 교육사업을 하며 이처럼 행복한 시간이 있었나 싶을 정도로 행복했다.

연구를 거듭할수록 마풀연구진은 일종의 사명감이 생겼다. 훈민정음의 위대한 글자들로 중국어를 가르치는 것은 단순히 중국어 교육을 쉽게 하는 것을 넘어 역사적, 학문적으로 매우 의미 있는 일이며 후손들에게 제대로 물려주어야 할 역사적인 사명이라는 것을.

'훈민정음의 위대한 비밀'을 통해 배우는 중국어 학습의 신세계에 오신 여러분을 진심으로 환영하며, 마풀중국어 개발을 위해 애쓴 연구진과 이카이스의 임직원들, 마풀을 응원해 주신 많은 분께 깊은 감사의 말씀을 아울러 전한다.

이카이스 ㈜ 대표 **이 현 준**

CONTENTS

기초 _ 어휘 / 문장

기초 _ 어휘

1강 가족(家人)	09
2강 집(家)	13
3강 날씨와 계절(天气及季节)	19
4강 교통(交通)	25
5강 운동(运动)	31
6강 학교(学校)	37
7강 카페(咖啡厅)	41
8강 슈퍼마켓(超市)	47
9강 공원(公园)	51
10강 회사(公司)	55

기초 _ 문장

1강 중국어의 기본 문장 구조	61
2강 형용사술어문	67
3강 현재 진행 표현 [正在/正/在]	73
4강 의사 표현 [想/不想]	79
5강 능력 표현 [能/会/可以]	87
6강 제안, 명령, 추측의 표현 [吧]	97
7강 의문대명사 [什么]	103
8강 의문대명사 [哪儿]	111
9강 개사 [在 + 장소]	117
10강 수사 [一~十/百/两/零]	125
11강 의문수사 几 [날짜/요일/시간]	131
12강 수사+양사+명사	141
13강 관형어+的+명사	147
14강 정도부사 [非常/比较/挺~的]	153
15강 정반의문문	159

기초_어휘

마법처럼 풀리는 **마풀중국어**

1강

가족(家人)

爷爷 / 奶奶 / 爸爸 / 妈妈
哥哥 / 姐姐 / 弟弟 / 妹妹
丈夫 / 妻子 / 儿子 / 女儿

가족(家人) 爷爷/奶奶/爸爸/妈妈

📝 성조의 색깔에 유의하여 한자를 써 봅시다.

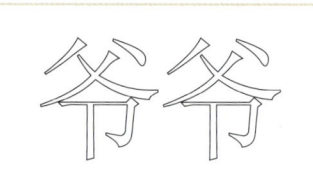 

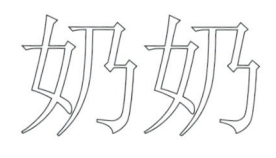

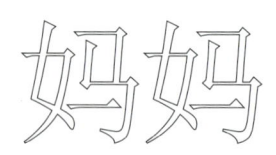

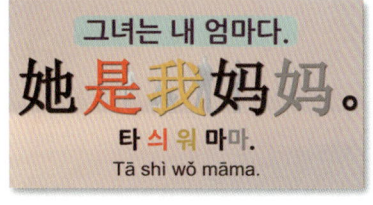

가족(家人) 哥哥/姐姐/弟弟/妹妹

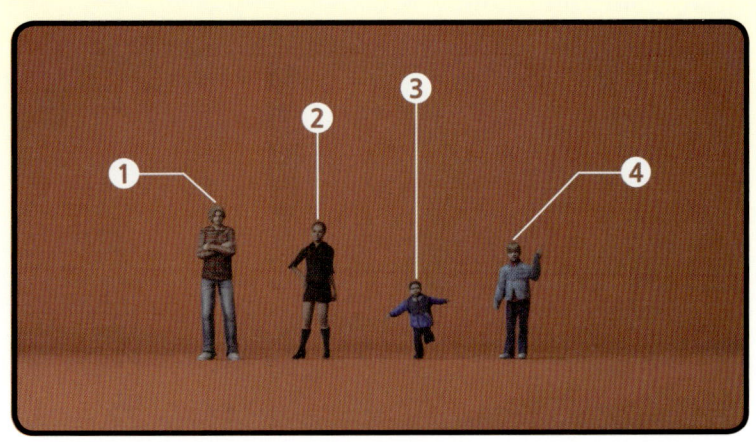

📝 성조의 색깔에 유의하여 한자를 써 봅시다.

gēge 형/오빠

哥哥　　哥哥

jiějie 누나/언니

姐姐　　姐姐

dìdi 남동생

弟弟　　弟弟

mèimei 여동생

妹妹　　妹妹

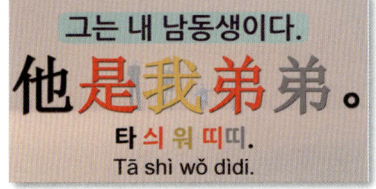
그는 내 남동생이다.
他是我弟弟。
Tā shì wǒ dìdi.

他是我弟弟。

기초 _ 어휘 | 11

가족(家人) 丈夫/妻子/儿子/女儿

📝 성조의 색깔에 유의하여 한자를 써 봅시다.

①    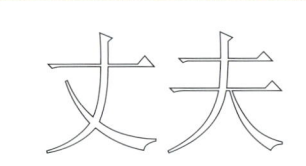   丈夫

②    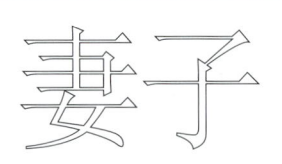   妻子

③    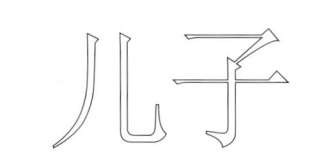   儿子

④       女儿

   他是我丈夫。

마법처럼 풀리는 **마풀중국어**

2강

집(家)

电视 / 看电视 / 听音乐
床 / 睡觉 / 衣橱 / 衣服
穿衣服 / 桌子 / 椅子
做菜 / 做饭 / 吃

집(家) 电视/看电视/听音乐

성조의 색깔에 유의하여 한자를 써 봅시다.

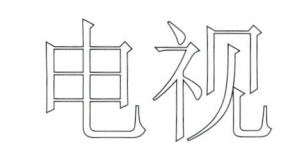

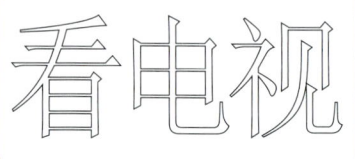
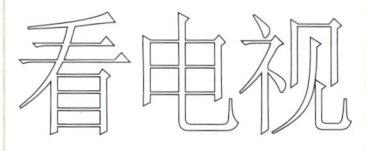

집(家) 床/睡觉/衣橱/衣服

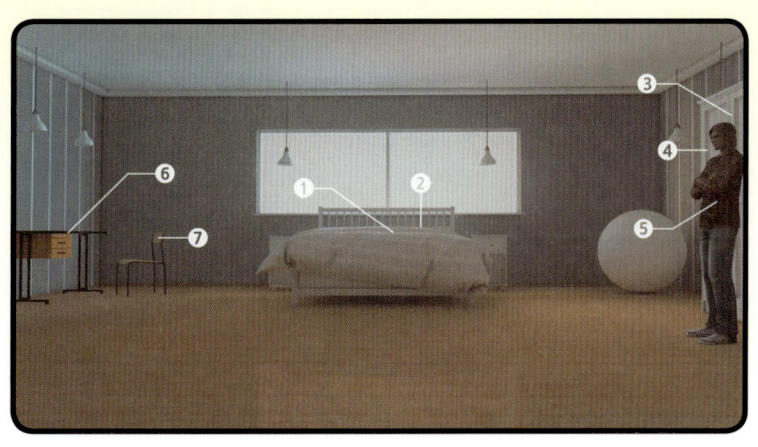

📝 성조의 색깔에 유의하여 한자를 써 봅시다.

	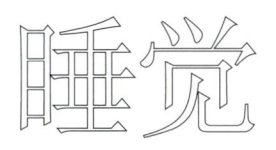	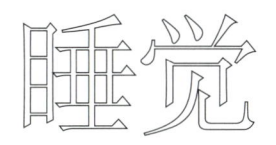

집(家)

穿衣服/桌子/椅子

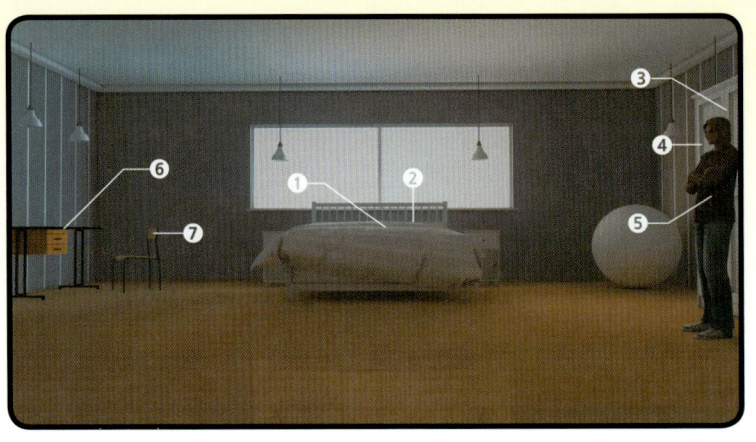

📝 성조의 색깔에 유의하여 한자를 써 봅시다.

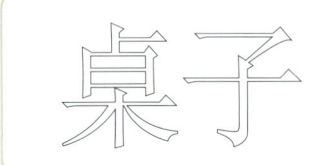
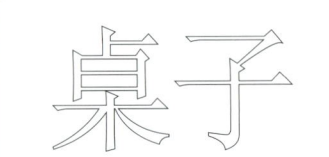

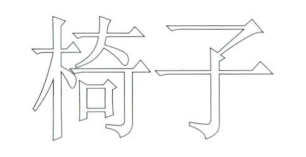
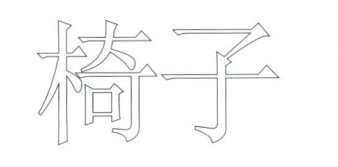

집(家) 做菜/做饭/吃

📝 성조의 색깔에 유의하여 한자를 써 봅시다.

妈妈做菜。

Memo

마법처럼 풀리는 **마풀중국어**

3강

날씨와 계절 (天气及季节)

春天 / 开花 / 暖和
夏天 / 热 / 潮湿
秋天 / 红叶 / 凉快
冬天 / 冷 / 下雪
下雨 / 雨伞

날씨와 계절 (天气及季节) 春天/开花/暖和

📝 성조의 색깔에 유의하여 한자를 써 봅시다.

  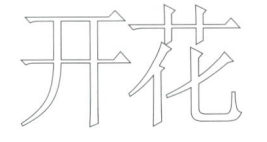

날씨와 계절 (天气及季节) 夏天/热/潮湿

📝 성조의 색깔에 유의하여 한자를 써 봅시다.

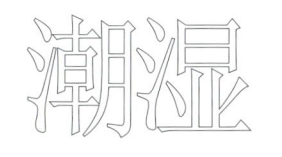
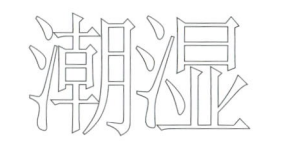

날씨와 계절(天气及季节) 秋天/红叶/凉快

 성조의 색깔에 유의하여 한자를 써 봅시다.

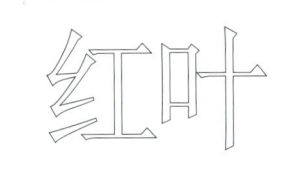
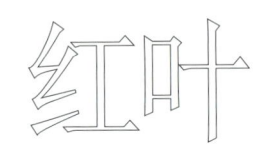

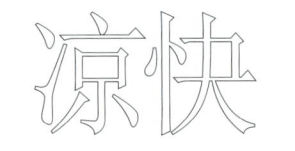
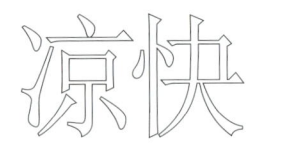

秋天很凉快。

날씨와 계절 (天气及季节)   冬天/冷/下雪

📝 성조의 색깔에 유의하여 한자를 써 봅시다.

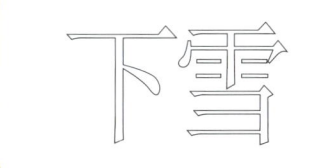
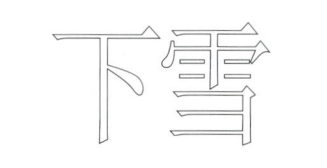

기초 _ 어휘 | 23

날씨와 계절(天气及季节) 　下雨/雨伞

📝 성조의 색깔에 유의하여 한자를 써 봅시다.

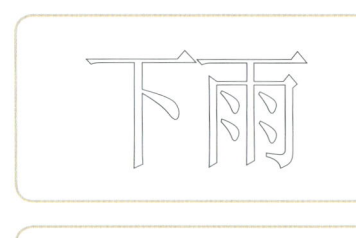

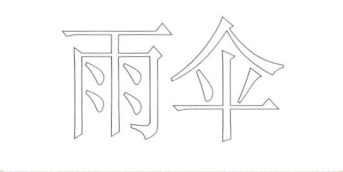

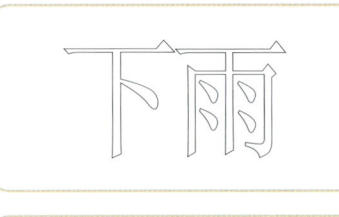

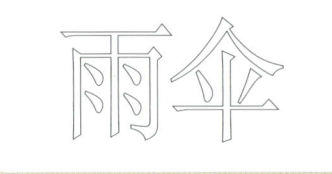

마법처럼 풀리는 **마풀중국어**

4강

교통(交通)

东边 / 西边 / 南边 / 北边
坐 / 公共汽车 / 车站 / 地铁
火车 / 火车站
出租车 / 飞机 / 机场
骑 / 摩托车 / 自行车

교통(交通) 东边/西边/南边/北边

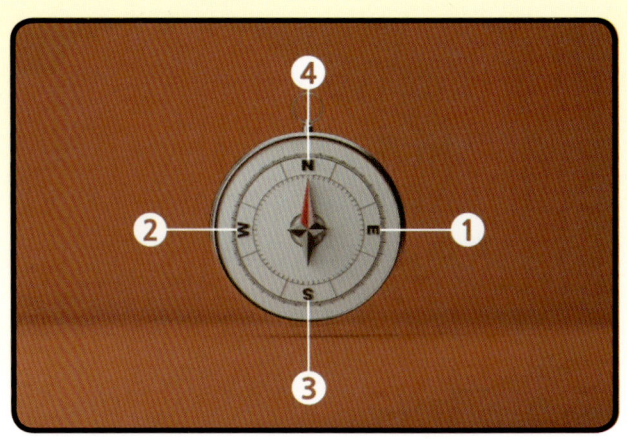

📝 성조의 색깔에 유의하여 한자를 써 봅시다.

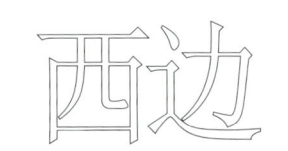

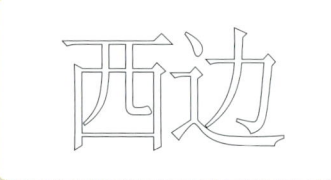

학교는 서점 동쪽에 있다.
学校在书店东边。
쉬에씨아오 짜이 슈띠앤 똥삐앤.
Xuéxiào zài shūdiàn dōngbian.

学校在书店东边。

교통(交通) 坐/公共汽车/车站/地铁

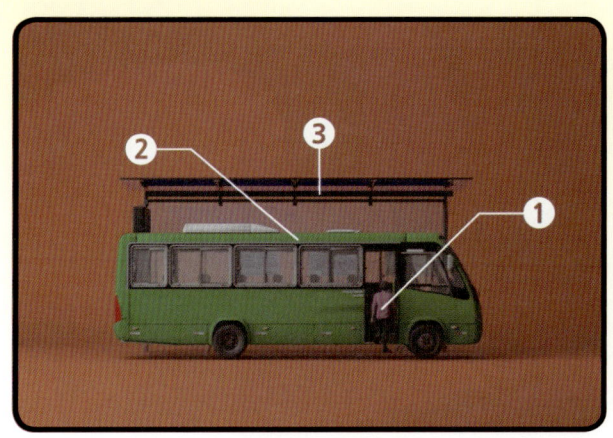

성조의 색깔에 유의하여 한자를 써 봅시다.

坐 쭈어 zuò 타다

公共汽车 꽁꿍치쳐 gōnggòngqìchē 버스

车站 쳐짠 chēzhàn 정류장

地铁 띠티에 dìtiě 지하철

坐　坐

公共汽车

公共汽车

车站　车站

地铁　地铁

교통(交通) 火车/火车站

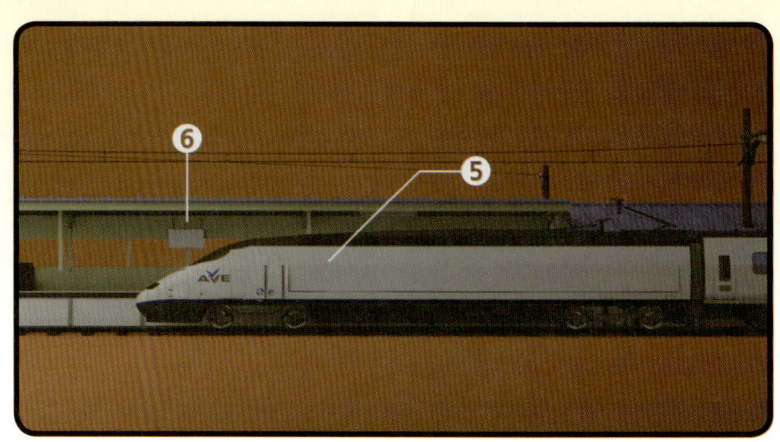

📝 성조의 색깔에 유의하여 한자를 써 봅시다.

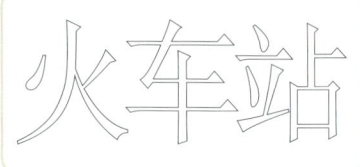
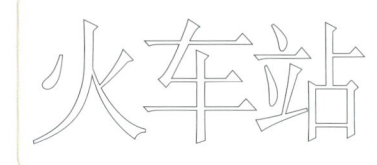

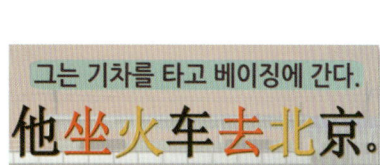

교통(交通) 出租车/飞机/机场

📝 성조의 색깔에 유의하여 한자를 써 봅시다.

① 出租车 chūzūchē 택시

② 飞机 fēijī 비행기

③ 机场 jīchǎng 공항

그녀는 택시를 타고 공항에 간다.
她坐出租车去机场。
타 쭈어 츄쭈쳐 취 찌챵
Tā zuò chūzūchē qù jīchǎng.

出租车　出租车
飞机　飞机
机场　机场

她坐出租车去机场。

교통(交通) 骑/摩托车/自行车

 성조의 색깔에 유의하여 한자를 써 봅시다.

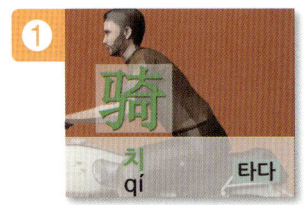 치 qí 타다

 모투어쳐 mótuōchē 오토바이

 쯔씽쳐 zìxíngchē 자전거

 骑

 骑

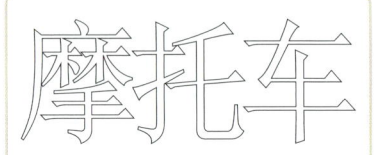 摩托车

 摩托车

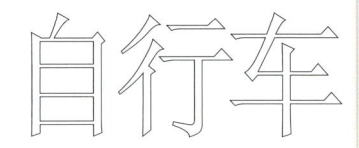 自行车

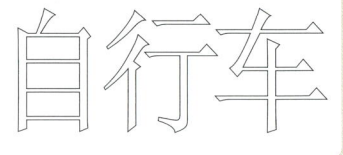 自行车

 나는 자전거를 탄다. 我骑自行车。 워 치 쯔씽쳐. Wǒ qí zìxíngchē.

我骑自行车。

마법처럼 풀리는 **마풀중국어**

5강

운동(运动)

棒球 / 网球 / 乒乓球
篮球 / 打
跑步 / 游泳
滑冰 / 滑雪

운동(运动) 棒球/网球/乒乓球

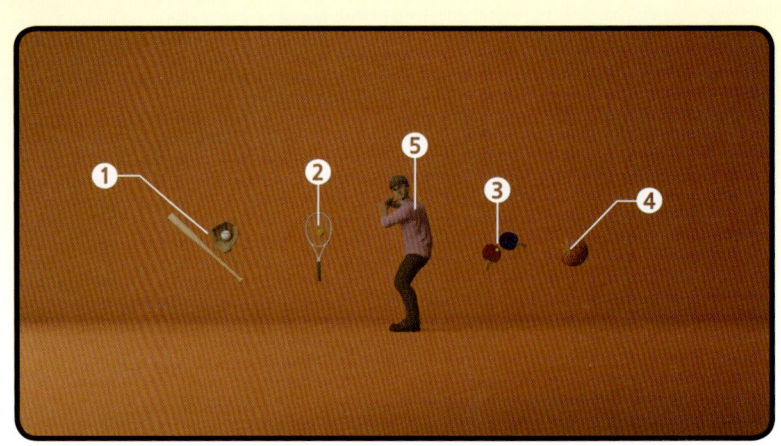

📝 성조의 색깔에 유의하여 한자를 써 봅시다.

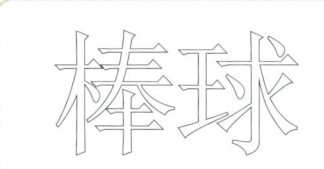

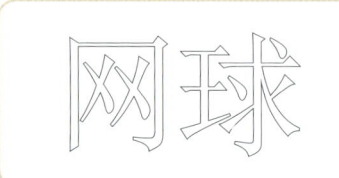
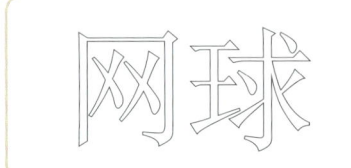

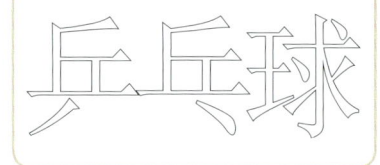
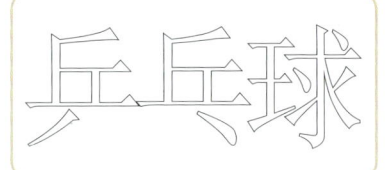

운동(运动) 篮球/打

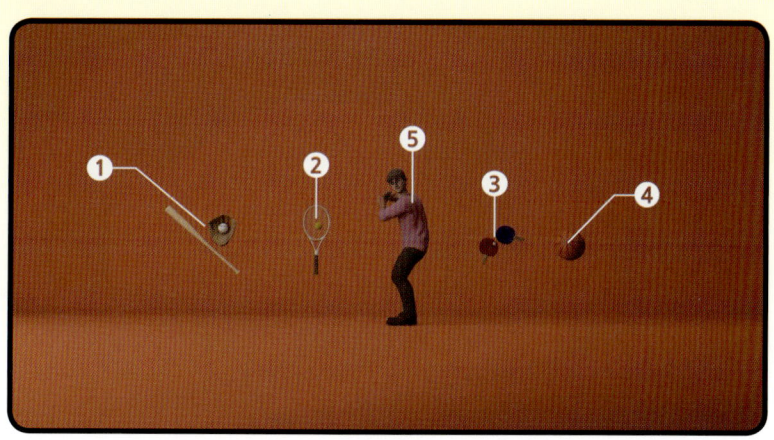

📝 성조의 색깔에 유의하여 한자를 써 봅시다.

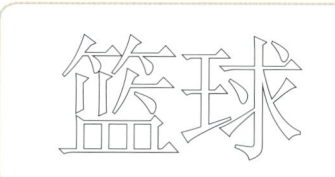
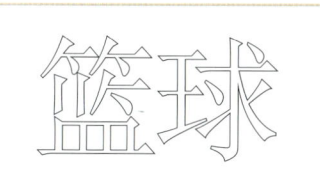

운동(运动) 跑步/游泳

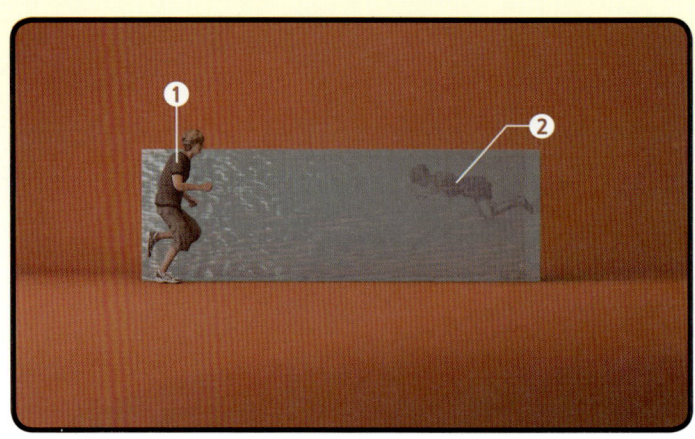

📝 성조의 색깔에 유의하여 한자를 써 봅시다.

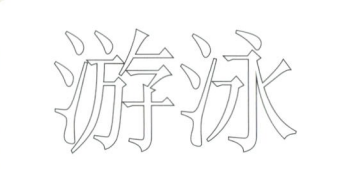

나의 언니는 수영을 좋아한다.
我姐姐喜欢游泳。
워 찌에찌에 씨후안 요우용.
Wǒ jiějie xǐhuan yóuyǒng.

운동(运动) 滑冰/滑雪

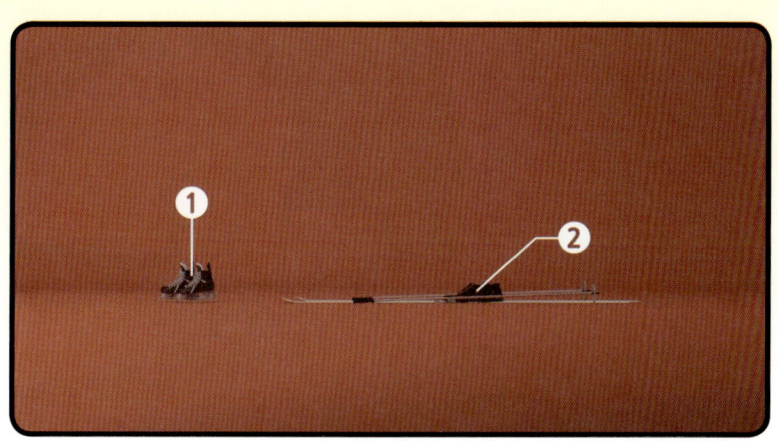

📝 성조의 색깔에 유의하여 한자를 써 봅시다.

 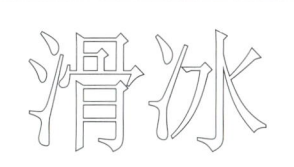

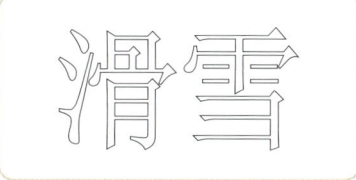 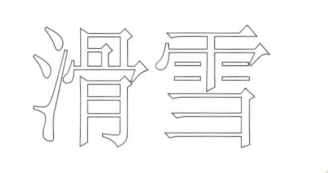

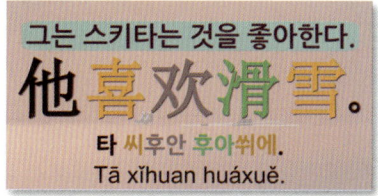

Memo

마법처럼 풀리는 **마풀중국어**

6강

학교(学校)

黑板 / 老师 / 讲课 / 站
学生 / 坐 / 学习
书包 / 书 / 笔记本 / 词典 / 铅笔

학교(学校) 黑板/老师/讲课/站

📝 성조의 색깔에 유의하여 한자를 써 봅시다.

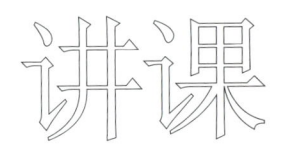

老师在讲课。

학교(学校) 学生/坐/学习

📝 성조의 색깔에 유의하여 한자를 써 봅시다.

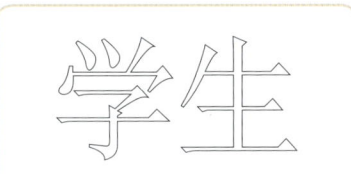
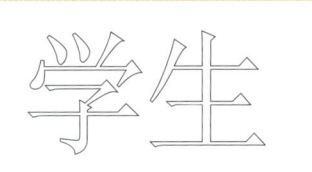

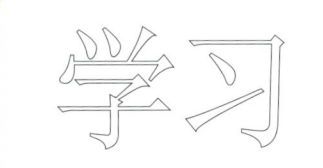
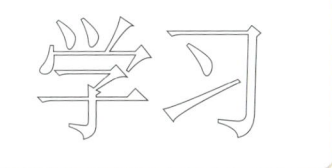

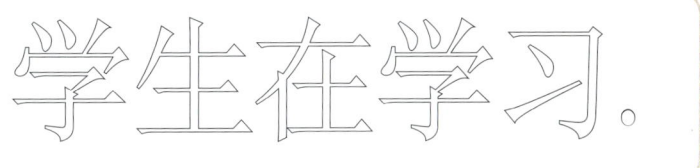

기초 _ 어휘 | 39

학교(学校)

书包 / 书 / 笔记本 / 词典 / 铅笔

📝 성조의 색깔에 유의하여 한자를 써 봅시다.

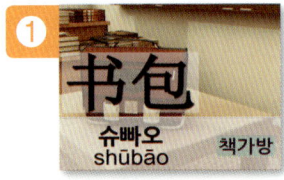

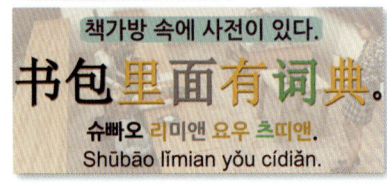

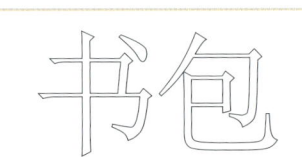

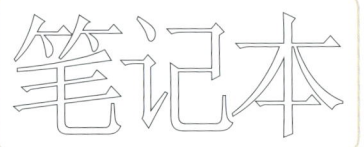
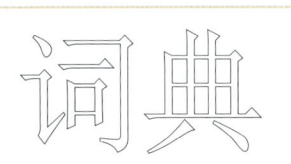

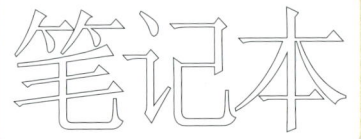
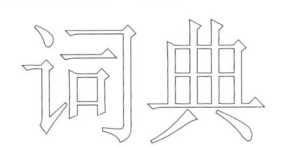

마법처럼 풀리는 **마풀중국어**

7강

카페(咖啡厅)

服务员 / 客人 / 点
咖啡 / 果汁 / 冰淇淋
桌子 / 杯子 / 蛋糕 / 餐巾纸
手机 / 笔记本电脑 / 无线网

카페(咖啡厅) 服务员/客人/点/咖啡

 성조의 색깔에 유의하여 한자를 써 봅시다.

 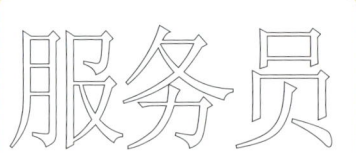

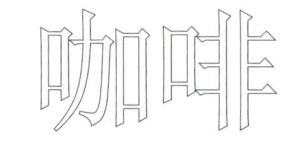 

카페(咖啡厅) 果汁/冰淇淋

 성조의 색깔에 유의하여 한자를 써 봅시다.

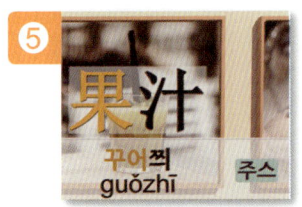

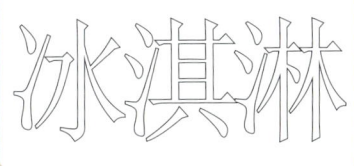 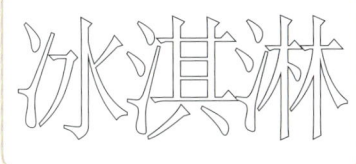

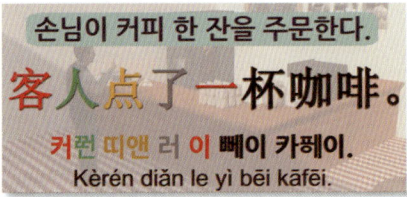

카페(咖啡厅)   桌子/杯子/蛋糕/餐巾纸

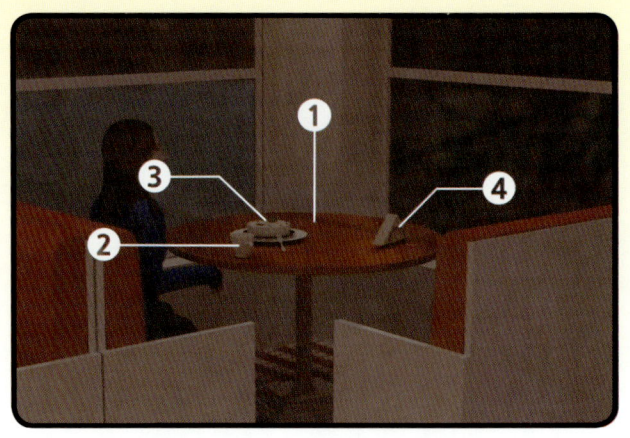

📝 성조의 색깔에 유의하여 한자를 써 봅시다.

①
쮸어쯔 zhuōzi 테이블

②
뻬이쯔 bēizi 컵

③
딴까오 dàngāo 케익

④
찬찐쯔 cānjīnzhǐ 냅킨

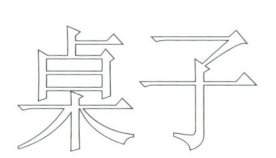 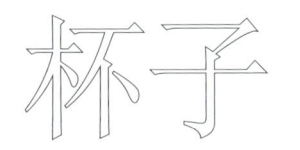

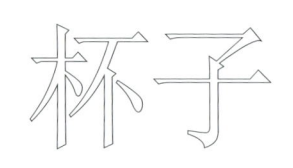

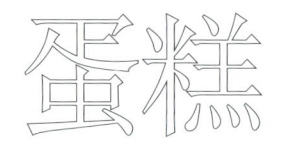

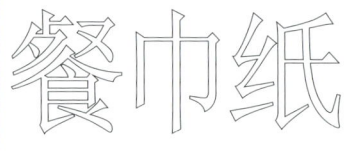

책상 위에 컵 한 개가 있다.
在桌子上有一个杯子。
짜이 쮸어쯔 샹 요우 이 꺼 뻬이쯔.
Zài zhuōzi shang yǒu yí ge bēizi.

在桌子上有一个杯子。

카페(咖啡厅) 手机/笔记本电脑/无线网

📝 성조의 색깔에 유의하여 한자를 써 봅시다.

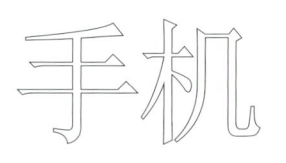 

笔记本电脑
笔记本电脑

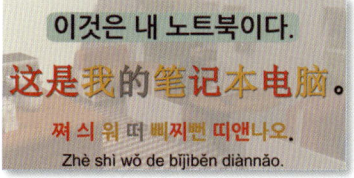

这是我的笔记本电脑。

Memo

마법처럼 풀리는 마풀중국어

8강

슈퍼마켓(超市)

苹果 / 葡萄 / 草莓 / 西瓜 / 香蕉
饼干 / 面包 / 糖果 / 巧克力
买 / 卖 / 找钱

슈퍼마켓(超市)

苹果/葡萄/草莓/西瓜/香蕉

📝 성조의 색깔에 유의하여 한자를 써 봅시다.

① 苹果 핑꾸어 píngguǒ 사과

② 葡萄 푸타오 pútáo 포도

③ 草莓 차오메이 cǎoméi 딸기

④ 西瓜 씨꾸아 xīguā 수박

⑤ 香蕉 씨앙찌아오 xiāngjiāo 바나나

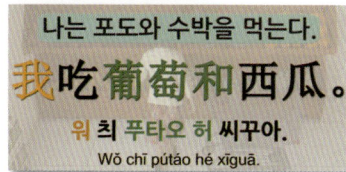
나는 포도와 수박을 먹는다.
我吃葡萄和西瓜。
워 츠 푸타오 허 씨꾸아.
Wǒ chī pútáo hé xīguā.

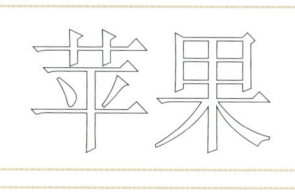
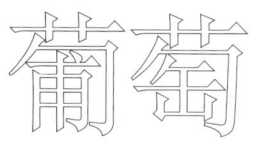
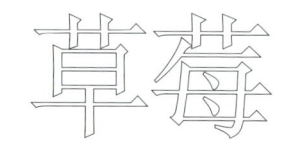

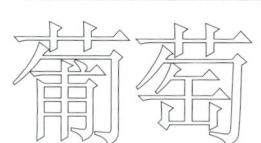
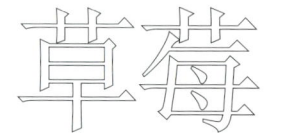

48 | 마법처럼 풀리는 **마풀중국어**

슈퍼마켓(超市)

饼干/面包/糖果/巧克力

📝 성조의 색깔에 유의하여 한자를 써 봅시다.

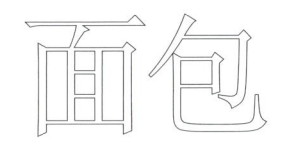

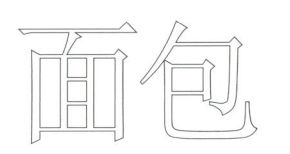

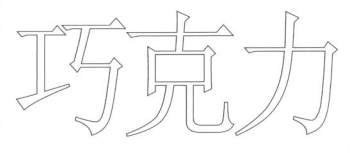

슈퍼마켓(超市) 买/卖/找钱

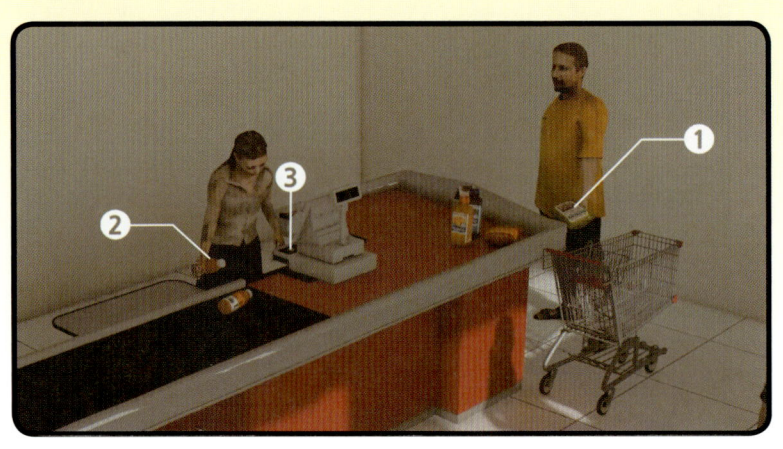

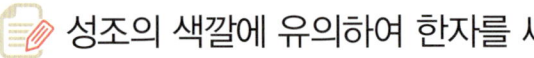 성조의 색깔에 유의하여 한자를 써 봅시다.

请你找钱。

마법처럼 풀리는 **마풀중국어**

9강

공원 (公园)

树木 / 花 / 草地 / 虫子
长椅 / 朋友 / 休息 / 聊天
洗手间 / 小狗 / 散步 / 玩

공원(公园) 树木/花/草地/虫子

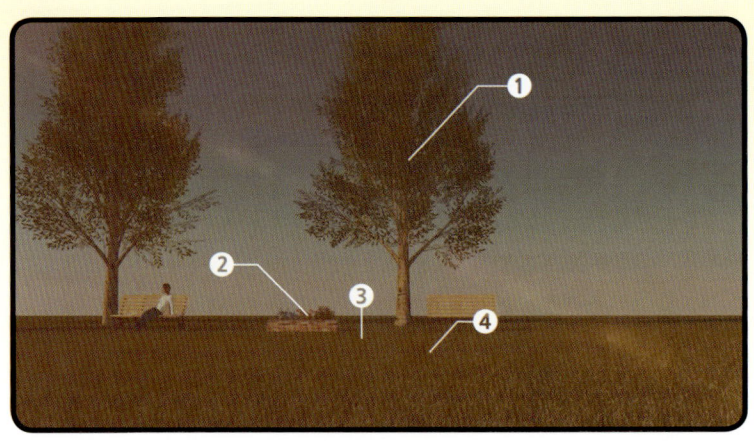

📝 성조의 색깔에 유의하여 한자를 써 봅시다.

① 树木 슈무 shùmù 나무

② 花 후아 huā 꽃

③ 草地 차오띠 cǎodì 잔디

④ 虫子 총쯔 chóngzi 곤충

잔디에 많은 꽃이 피어있다.
草地上**花**开得**很多**了。
차오띠 샹 후아 카이 떠 헌 뚜어 러.
Cǎodì shang huā kāi de hěn duō le.

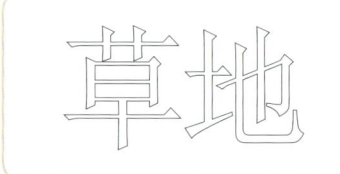 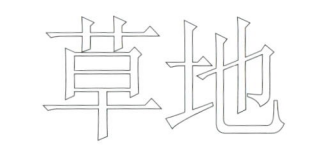
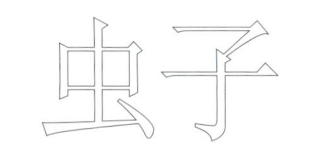 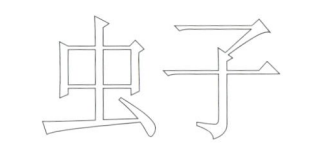

草地上花开得很多了。

공원(公园)　长椅/朋友/休息/聊天

📝 성조의 색깔에 유의하여 한자를 써 봅시다.

① 长椅 chángyǐ 벤치

② 朋友 péngyou 친구

③ 休息 xiūxi 쉬다

④ 聊天 liáotiān 수다떨다

长椅　长椅

朋友　朋友

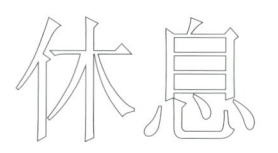
休息　休息

聊天　聊天

그녀는 벤치에 앉아서 쉬고 있다.
她在长椅上坐着休息。
타 짜이 챵이 샹 쭈어 쩌 씨요우씨.
Tā zài chángyǐ shang zuò zhe xiūxi.

她在长椅上坐着休息。

기초 _ 어휘 | 53

공원(公园) 洗手间/小狗/散步/玩

📝 성조의 색깔에 유의하여 한자를 써 봅시다.

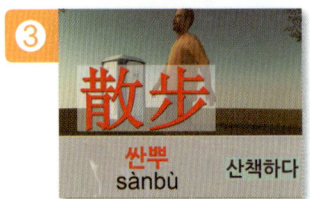

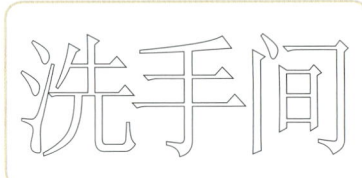
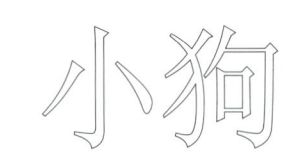
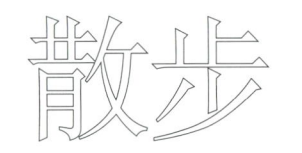

마법처럼 풀리는 **마풀중국어**

10강

회사(公司)

上班 / 下班 / 电脑 / 上网
电话 / 空调
打印机 / 打印 / 复印机 / 复印
职员 / 开会 / 发表

회사(公司) 上班/下班/电脑/上网

 성조의 색깔에 유의하여 한자를 써 봅시다.

	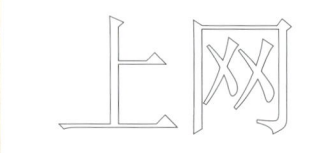	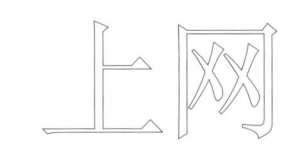

회사(公司) 电话/空调

✎ 성조의 색깔에 유의하여 한자를 써 봅시다.

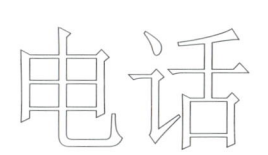 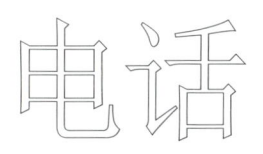

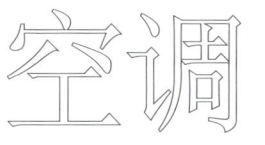 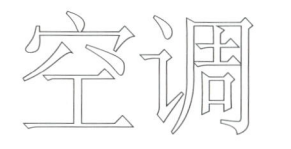

회사(公司) 打印机/打印/复印机/复印

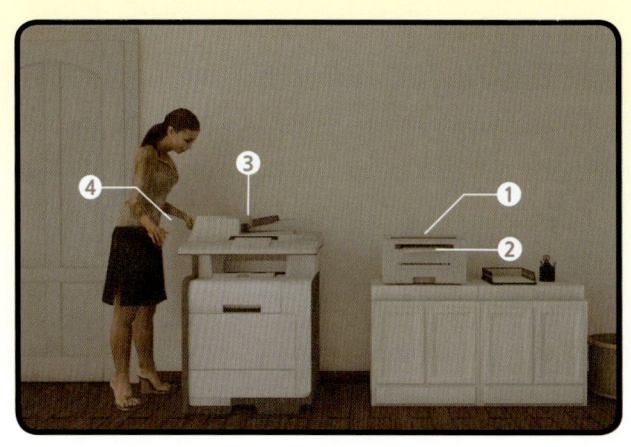

📝 성조의 색깔에 유의하여 한자를 써 봅시다.

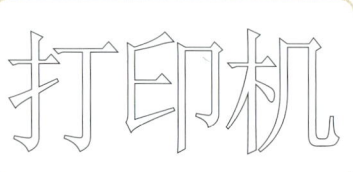
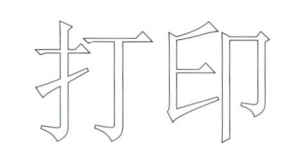

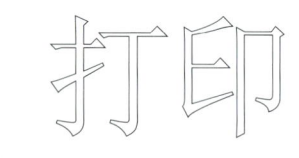

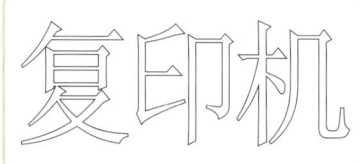

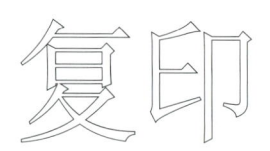

회사(公司)   职员/开会/发表

📝 성조의 색깔에 유의하여 한자를 써 봅시다.

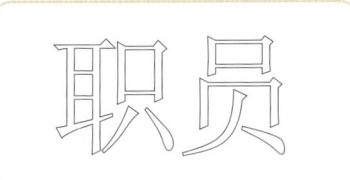
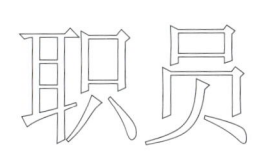

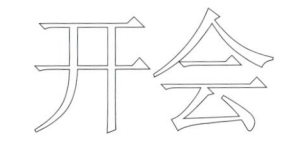

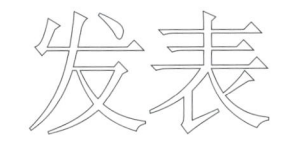
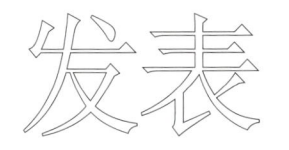

他们正在开会。

기초 _ 문장

마법처럼 풀리는 **마풀중국어**

1강

핵심 포인트
중국어의 기본 문장 구조는 [주어+술어+목적어]이다.

주어 술어 목적어
주어 不 술어 목적어
주어 술어 목적어 吗

01 주어 술어 목적어

문장 성분에 유의하여 우리말을 중국어로 바꿔 써 봅시다.

주어 술어 목적어
我 爱 你。
나는 사랑한다 너를

워 아이 니.
Wǒ ài nǐ.

나는 너를 사랑한다.

___

주어 술어 목적어
그는 / 마신다 / 커피를
他喝咖啡。

타 허 카페이.
Tā hē kāfēi.

그는 커피를 마신다.

___

주어 술어 목적어
언니는 / 먹는다 / 밥을
姐姐吃饭。

찌에찌에 츠 판.
Jiějie chī fàn.

언니는 밥을 먹는다.

___

주어 술어 목적어
나는 / 본다 / 책을
我看书。

워 칸 슈.
Wǒ kàn shū.

나는 책을 본다.

___

02 주어 不 술어 목적어

문장 성분에 유의하여 우리말을 중국어로 바꿔 써 봅시다.

주어 不 술어 목적어

그는 / 마시지 않는다 / 커피를
他不喝咖啡。

타 뿌 허 카페이.
Tā bù hē kāfēi.

그는 커피를 마시지 않는다.
_____

주어 不 술어 목적어

언니는 / 먹지 않는다 / 밥을
姐姐不吃饭。

찌에찌에 뿌 츨 판.
Jiějie bù chī fàn.

언니는 밥을 먹지 않는다.
_____

주어 不 술어 목적어

나는 / 보지 않는다 / 책을
我不看书。

워 뿌 칸 슈.
Wǒ bú kàn shū.

나는 책을 보지 않는다.
_____

기초 _ 문장 | 63

03 주어 술어 목적어 吗?

문장 성분에 유의하여 우리말을 중국어로 바꿔 써 봅시다.

주어 술어 목적어 吗?

그는 / 마십니까 / 커피를?
他喝咖啡吗?
타 허 카페이 마?
Tā hē kāfēi ma?

그는 커피를 마십니까?
_____

주어 술어 목적어 吗?

언니는 / 먹습니까 / 밥을?
姐姐吃饭吗?
찌에찌에 츼 판 마?
Jiějie chī fàn ma?

언니는 밥을 먹습니까?
_____

주어 술어 목적어 吗?

너는 / 봅니까 / 책을?
你看书吗?
니 칸 슈 마?
Nǐ kàn shū ma?

너는 책을 봅니까?
_____

확인 문제 주어진 단어를 어순에 맞게 써 보세요.

1. 그는 커피를 마신다.

    咖啡 / 他 / 喝

    _____

2. 나는 책을 본다.

    我 / 书 / 看

    _____

3. 언니는 밥을 먹지 않는다.

    姐姐 / 饭 / 吃 / 不

    _____

4. 그는 커피를 마십니까?

    他 / 咖啡 / 喝 / 吗

    _____

5. 너는 책을 봅니까?

    你 / 看 / 吗 / 书

    _____

1

해석: 他喝咖啡。 타 허 카페이. Tā hē kāfēi. 그는 커피를 마신다.
해설: 他(그) 喝(마시다) 咖啡(커피)
　　　이 문장의 올바른 어순은 '주어+술어+목적어'이다.

2

해석: 我看书。 워 칸 슈. Wǒ kàn shū. 나는 책을 본다.
해설: 我(나) 看(보다) 书(책)
　　　이 문장의 올바른 어순은 '주어+술어+목적어'이다.

3

해석: 姐姐不吃饭。 찌에찌에 뿌 츠 판. Jiějie bù chī fàn. 언니는 밥을 먹지 않는다.
해설: 姐姐(언니) 不(부정부사) 吃(먹다) 饭(밥)
　　　이 문장의 올바른 어순은 '주어+술어+목적어'이고, 부정부사 '不'는 술어인 '吃'의 앞에 쓴다.

4

해석: 他喝咖啡吗? 타 허 카페이 마? Tā hē kāfēi ma? 그는 커피를 마십니까?
해설: 他(그) 喝(마시다) 咖啡(커피)
　　　이 문장의 올바른 어순은 '주어+술어+목적어'의 순서로 쓰고, 의문문은 문장 맨 뒤에 '吗'를 써서 표현한다.

5

해석: 你看书吗? 니 칸 슈 마? Nǐ kàn shū ma? 너는 책을 봅니까?
해설: 你(너) 看(보다) 书(책)
　　　기본 문장 구조에 맞게 '주어+술어+목적어'의 순서로 쓰고, 의문문은 문장 맨 뒤에 '吗'를 써서 표현한다.

마법처럼 풀리는 **마풀중국어**

2강

핵심 포인트

형용사술어문은 술어 부분이 형용사인 술어문으로,
일반적으로 형용사 앞에 정도부사와 함께 표현한다.

주어 정도부사 술어
주어 不 술어
주어 술어 吗?

 **주어 정도부사 술어**

문장 성분에 유의하여 우리말을 중국어로 바꿔 써 봅시다.

그는 바쁘다.

_____

그는 잘 지낸다.

_____

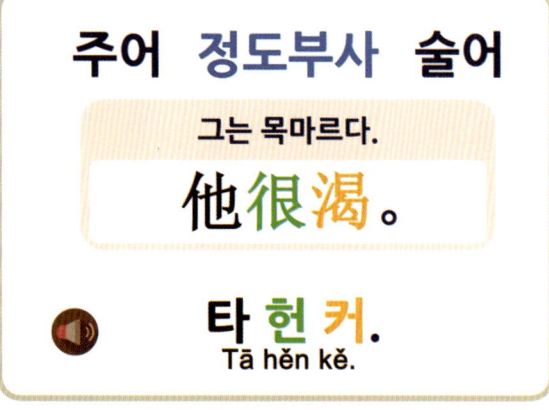

그는 목마르다.

_____

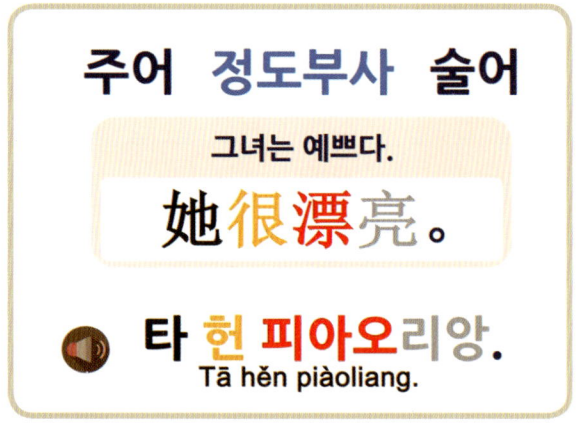

그녀는 예쁘다.

_____

02 주어 不 술어

문장 성분에 우리말을 중국어로 바꿔 써 봅시다.

주어 不 술어
그는 잘 지내지 못한다.
他不好。
타 뿌 하오.
Tā bù hǎo.

그는 잘 지내지 못한다.
_____

주어 不 술어
그는 목마르지 않다.
他不渴。
타 뿌 커.
Tā bù kě.

그는 목마르지 않다.
_____

주어 不 술어
그녀는 예쁘지 않다.
她不漂亮。
타 뿌 피아오리앙.
Tā bú piàoliang.

그녀는 예쁘지 않다.
_____

03 주어 술어 吗?

문장 성분에 유의하여 우리말을 중국어로 바꿔 써 봅시다.

주어 술어 吗?
그는 잘 지냅니까?
他好吗?
타 하오 마?
Tā hǎo ma?

그는 잘 지냅니까?
_____

주어 술어 吗?
그는 목마릅니까?
他渴吗?
타 커 마?
Tā kě ma?

그는 목마릅니까?
_____

주어 술어 吗?
그녀는 예쁩니까?
她漂亮吗?
타 피아오리앙 마?
Tā piàoliang ma?

그녀는 예쁩니까?
_____

확인 문제 주어진 단어를 어순에 맞게 써 보세요.

1. 그는 잘 지낸다.

    好 / 很 / 他

    _____

2. 그녀는 예쁘다.

    她 / 漂亮 / 很

    _____

3. 그는 바쁘지 않다.

    不 / 他 / 忙

    _____

4. 그는 목마르지 않다.

    不 / 渴 / 他

    _____

5. 그는 잘 지내니?

    吗 / 他 / 好

    _____

1

해석: 他很好。 타 헌 하오. Tā hěn hǎo. 그는 잘 지낸다.

해설: 他(그는) 很(아주) 好(잘 지내다)
이 문장의 올바른 어순은 '주어+정도부사+술어'이다. 노란색 3성 뒤에 노란색 3성이 오면 앞이 초록색 2성으로 변하기 때문에 '很'의 뒤에 '好'가 이어지면 '很'은 초록색 2성으로 발음한다.

2

해석: 她很漂亮。 타 헌 피아오리앙. Tā hěn piàoliang. 그녀는 예쁘다.

해설: 她(그녀는) 很(아주) 漂亮(예쁘다)
이 문장의 올바른 어순은 '주어+정도부사+술어'이다. 이 때, '很'은 그 뜻을 강조할 때를 제외하고 해석하지 않는다.

3

해석: 他不忙。 타 뿌 망. Tā bù máng. 그는 바쁘지 않다.

해설: 他(그) 不(부정부사) 忙(바쁘다)
이 문장의 올바른 어순은 '주어+不+술어'이다. 이 때, '不'는 술어인 '忙'의 앞에 쓴다.

4

해석: 他不渴。 타 뿌 커. Tā bù kě. 그는 목마르지 않다.

해설: 他(그는) 不(부정부사) 渴(목마르다)
이 문장의 올바른 어순은 '주어+不+술어'이다. 이 때, '不'는 술어인 '渴'의 앞에 쓴다.

5

해석: 他好吗? 타 하오 마? Tā hǎo ma? 그는 잘 지내니?

해설: 他(그는) 好(잘 지내다) 吗(의문조사)
기본 문장 구조에 맞게 '주어+술어'의 순서로 쓰고, 의문문은 문장 맨 뒤에 '吗'를 써서 표현한다.

마법처럼 풀리는 마풀중국어

3강

핵심 포인트
현재 진행 표현은 술어 앞에 正在/正/在를 써서 '~하는 중이다'라는 의미로 표현한다.

주어 正在 술어 목적어
주어 没在 술어 목적어

01 주어 正在 술어 목적어

문장 성분에 유의하여 우리말을 중국어로 바꿔 써 봅시다.

주어 正在 술어 목적어

그녀는 책을 보는 중이야.
她正在看书。
타 쩡짜이 칸 슈.
Tā zhèngzài kàn shū.

그녀는 책을 보는 중이야.
_____

주어 正在 술어 목적어

그는 음악을 듣는 중이야.
他正在听音乐。
타 쩡짜이 팅 인위에.
Tā zhèngzài tīng yīnyuè.

그는 음악을 듣는 중이야.
_____

주어 正在 술어 목적어

나는 머리하는 중이야.
我正在做头发。
워 쩡짜이 쭈어 토우파.
Wǒ zhèngzài zuò tóufa.

나는 머리하는 중이야.
_____

02 주어 没在 술어 목적어

문장 성분에 유의하여 우리말을 중국어로 바꿔 써 봅시다.

주어 没在 술어 목적어

그녀는 책을 보는 중이 아니야.
她没在看书。
타 메이 짜이 칸 슈.
Tā méi zài kàn shū.

그녀는 책을 보는 중이 아니야.
_____

주어 没在 술어 목적어

그는 음악을 듣고 있지 않아.
他没在听音乐。
타 메이 짜이 팅 인위에.
Tā méi zài tīng yīnyuè.

그는 음악을 듣고 있지 않아.
_____

주어 没在 술어 목적어

나는 머리하고 있지 않아.
我没在做头发。
워 메이 짜이 쭈어 토우파.
Wǒ méi zài zuò tóufa.

나는 머리하고 있지 않아.
_____

확인 문제 주어진 단어를 어순에 맞게 써 보세요.

1. 그녀는 책을 보는 중이야.

   正在 / 书 / 看 / 她

   _____

2. 그는 음악을 듣고 있어.

   音乐 / 听 / 他 / 正在

   _____

3. 나 머리하는 중이야.

   正在 / 头发 / 做 / 我

   _____

4. 그녀는 책을 보는 중이 아니야.

   没 / 她 / 书 / 看 / 在

   _____

5. 그는 음악을 듣고 있지 않아.

   他 / 音乐 / 在 / 听 / 没

   _____

1

해석: 她正在看书。타 쩡짜이 칸 슈. Tā zhèngzài kàn shū. 그녀는 책을 보는 중이야.
해설: 她(그녀) 正在(현재진행부사) 看(보다) 书(책)
　　　이 문장의 올바른 어순은 '주어+正在+술어+목적어'이다. 이 때, 현재진행부사 '正在'는 술어인 '看'의 앞에 쓴다.

2

해석: 他正在听音乐。타 쩡짜이 팅 인위에. Tā zhèngzài tīng yīnyuè. 그는 음악을 듣고 있어.
해설: 他(그) 正在(현재진행부사) 听(듣다) 音乐(음악)
　　　이 문장의 올바른 어순은 '주어+正在+술어+목적어'이다. 이 때, 현재진행부사 '正在'는 술어인 '听'의 앞에 쓴다.

3

해석: 我正在做头发。워 쩡짜이 쭈어 토우파. Wǒ zhèngzài zuò tóufa. 나 머리하는 중이야.
해설: 我(나) 正在(현재진행부사) 做(하다) 头发(머리카락)
　　　이 문장의 올바른 어순은 '주어+正在+술어+목적어'이다. 이 때, 현재진행부사 '正在'는 술어인 '做'의 앞에 쓴다.

4

해석: 她没在看书。타 메이 짜이 칸 슈. Tā méi zài kàn shū. 그녀는 책을 보는 중이 아니야.
해설: 她(그녀) 没在(~하고 있지 않다) 看(보다) 书(책)
　　　이 문장의 올바른 어순은 '주어+没+在+술어+목적어'이다. 이 때, '~하는 중이 아니다'라는 '没在'는 술어인 '做'의 앞에 쓴다.

5

해석: 他没在听音乐。타 메이 짜이 팅 인위에. Tā méi zài tīng yīnyuè. 그는 음악을 듣고 있지 않아.
해설: 他(그) 没在(~하는 중이 아니다) 听(듣다) 音乐(음악)
　　　이 문장의 올바른 어순은 '주어+没+在+술어+목적어'이다. 이 때, '~하는 중이 아니다'라는 '没在'는 술어인 '听'의 앞에 쓴다.

Memo

마법처럼 풀리는 **마풀중국어**

4강

핵심 포인트
'~하고 싶다'라는 의사 표현은 술어 앞에 想을 써서 표현하고 부정형은 不想으로 표현한다.

주어 想 술어 목적어
주어 要 술어 목적어
주어 不想 술어 목적어

01 주어 想 술어 목적어

문장 성분에 유의하여 우리말을 중국어로 바꿔 써 봅시다.

주어 想 술어 목적어

나는 중국에 가고 싶다.
我想去中国。
워 씨앙 취 쭝꾸어.
Wǒ xiǎng qù Zhōngguó.

나는 중국에 가고 싶다.
_____

주어 想 술어 목적어

나는 술 마시고 싶다.
我想喝酒。
워 씨앙 허 찌요우.
Wǒ xiǎng hē jiǔ.

나는 술 마시고 싶다.
_____

주어 想 술어 목적어

나는 집에 가고 싶다.
我想回家。
워 씨앙 후에이 찌아.
Wǒ xiǎng huí jiā.

나는 집에 가고 싶다.
_____

주어 要 술어 목적어

문장 성분에 유의하여 우리말을 중국어로 바꿔 써 봅시다.

주어 要 술어 목적어
나는 중국에 갈 것이다.
我要去中国。
워 야오 취 쫑꾸어.
Wǒ yào qù Zhōngguó.

나는 중국에 갈 것이다.
_____

주어 要 술어 목적어
나는 술 마실 것이다.
我要喝酒。
워 야오 허 찌요우.
Wǒ yào hē jiǔ.

나는 술 마실 것이다.
_____

주어 要 술어 목적어
나는 집에 갈 것이다.
我要回家。
워 야오 후에이 찌아.
Wǒ yào huí jiā.

나는 집에 갈 것이다.
_____

03 주어 不想 술어 목적어

문장 성분에 유의하여 우리말을 중국어로 바꿔 써 봅시다.

주어 不想 술어 목적어

나는 중국에 가고 싶지 않다.
我不想去中国。
워 뿌 씨앙 취 쫑꾸어.
Wǒ bù xiǎng qù Zhōngguó.

나는 중국에 가고 싶지 않다.
_____

주어 不想 술어 목적어

나는 술 마시고 싶지 않다.
我不想喝酒。
워 뿌 씨앙 허 찌요우.
Wǒ bù xiǎng hē jiǔ.

나는 술 마시고 싶지 않다.
_____

주어 不想 술어 목적어

나는 집에 가고 싶지 않다.
我不想回家。
워 뿌 씨앙 후에이 찌아.
Wǒ bù xiǎng huí jiā.

나는 집에 가고 싶지 않다.
_____

확인 문제 주어진 단어를 어순에 맞게 써 보세요.

1. 나는 중국에 가고 싶다.

   去 / 我 / 想 / 中国

   _____

2. 나는 술 마시고 싶다.

   我 / 酒 / 喝 / 想

   _____

3. 나는 집에 가고 싶다.

   想 / 家 / 我 / 回

   _____

4. 나는 중국에 갈 것이다.

   要 / 中国 / 我 / 去

   _____

5. 나는 술 마실 것이다.

   我 / 酒 / 喝 / 要

   _____

확인 문제 주어진 단어를 어순에 맞게 써 보세요.

6. 나는 집에 갈 것이다.

要 / 回 / 我 / 家

_____

7. 나는 중국에 가고 싶지 않다.

不 / 我 / 中国 / 去 / 想

_____

1
해석: 我想去中国。 워 씨앙 취 쫑꾸어. Wǒ xiǎng qù Zhōngguó. 나는 중국에 가고 싶다.
해설: 我(나) 想(~하고 싶다) 去(가다) 中国(중국)
이 문장의 올바른 어순은 '주어+想+술어+목적어'이다. 이 때, '~하고 싶다'라는 뜻의 '想'은 술어인 '去'의 앞에 쓴다.

2
해석: 我想喝酒。 워 씨앙 허 찌요우. Wǒ xiǎng hē jiǔ. 나는 술 마시고 싶다.
해설: 我(나) 想(~하고 싶다) 喝(마시다) 酒(술)
이 문장의 올바른 어순은 '주어+想+술어+목적어'이다. 이 때, '~하고 싶다'라는 뜻의 '想'은 술어인 '喝'의 앞에 쓴다.

3
해석: 我想回家。 워 씨앙 후에이 찌아. Wǒ xiǎng huí jiā. 나는 집에 가고 싶다.
해설: 我(나는) 想(~하고 싶다) 回(돌아가다) 家(집)
이 문장의 올바른 어순은 '주어+想+술어+목적어'이다. 이 때, '~하고 싶다'라는 뜻의 '想'은 술어인 '回'의 앞에 쓴다.

4
해석: 我要去中国。 워 야오 취 쫑꾸어. Wǒ yào qù Zhōngguó. 나는 중국에 갈 것이다.
해설: 我(나는) 要(~할 것이다) 去(가다) 中国(중국)
이 문장의 올바른 어순은 '주어+要+술어+목적어'이다. 이 때, '~할 것이다'라는 뜻의 '要'은 술어인 '去'의 앞에 쓴다.

5
해석: 我要喝酒。 워 야오 허 찌요우. Wǒ yào hē jiǔ. 나는 술 마실 것이다.
해설: 我(나는) 要(~할 것이다) 喝(마시다) 酒(술)
이 문장의 올바른 어순은 '주어+要+술어+목적어'이다. 이 때, '~할 것이다'라는 뜻의 '要'은 술어인 '喝'의 앞에 쓴다.

6
해석: 我要回家。 워 야오 후에이 찌아. Wǒ yào huí jiā. 나는 집에 갈 것이다.
해설: 我(나는) 要(~할 것이다) 回(돌아가다) 家(집)
이 문장의 올바른 어순은 '주어+要+술어+목적어'이다. 이 때, '~할 것이다'라는 뜻의 '要'은 술어인 '回'의 앞에 쓴다.

7
해석: 我不想去中国。 워 뿌 씨앙 취 쫑꾸어. Wǒ bù xiǎng qù Zhōngguó. 나는 중국에 가고 싶지 않다.
해설: 我(나) 不想(~하고 싶지 않다) 去(가다) 中国(중국)
이 문장의 올바른 어순은 '주어+不+想+술어+목적어'이다.
이 때, '~하고 싶지 않다'라는 뜻의 '不想'은 술어인 '去'의 앞에 쓴다.

Memo

마법처럼 풀리는 **마풀중국어**

5강

핵심 포인트

'~를 할 수 있다'라는 능력 표현은
술어 앞에 能/会/可以를 써서 표현한다.

주어 (不)能 술어 목적어
주어 (不)会 술어 목적어
주어 (不)可以 술어 목적어

01 주어 能 술어 목적어 : 상황, 능력, 조건이 가능함을 나타냄

문장 성분에 유의하여 우리말을 중국어로 바꿔 써 봅시다.

주어 能 술어 목적어

나는 영어를 할 수 있다.
我能说英语。

워 넝 슈어 잉위.
Wǒ néng shuō Yīngyǔ.

나는 영어를 할 수 있다.

_____

주어 能 술어 목적어

그는 중국요리를 할 수 있다.
他能做中国菜。

타 넝 쭈어 쫑꾸어차이.
Tā néng zuò Zhōngguócài.

그는 중국요리를 할 수 있다.

_____

주어 能 술어 목적어

그녀는 혼자 여행할 수 있다.
她能一个人去旅行。

타 넝 이 꺼 런 취 뤼씽.
Tā néng yí ge rén qù lǚxíng.

그녀는 혼자 여행할 수 있다.

_____

88 | 마법처럼 풀리는 **마풀중국어**

주어 不能 술어 목적어

문장 성분에 유의하여 우리말을 중국어로 바꿔 써 봅시다.

주어 不能 술어 목적어

나는 영어를 할 수 없다.
我不能说英语。
워 뿌 넝 슈어 잉위.
Wǒ bù néng shuō Yīngyǔ.

나는 영어를 할 수 없다.

_____

주어 不能 술어 목적어

그는 중국요리를 할 수 없다.
他不能做中国菜。
타 뿌 넝 쭈어 쫑꾸어차이.
Tā bù néng zuò zhōngguócài.

그는 중국요리를 할 수 없다.

_____

주어 不能 술어 목적어

그녀는 혼자 여행할 수 없다.
她不能一个人去旅行。
타 뿌 넝 이 꺼 런 취 뤼씽.
Tā bù néng yí ge rén qù lǚxíng.

그녀는 혼자 여행할 수 없다.

_____

03 주어 会 술어 목적어 : 학습을 통해 배워서 가능

문장 성분에 유의하여 우리말을 중국어로 바꿔 써 봅시다.

주어 会 술어 목적어
나는 중국어를 할 줄 안다.
我会说汉语。
워 후에이 슈어 한위.
Wǒ huì shuō Hànyǔ.

나는 중국어를 할 줄 안다.
_____

주어 会 술어 목적어
그는 운전할 줄 안다.
他会开车。
타 후에이 카이쳐.
Tā huì kāichē.

그는 운전할 줄 안다.
_____

주어 会 술어 목적어
그녀는 테니스를 칠 줄 안다.
她会打网球。
타 후에이 따 왕치요우.
Tā huì dǎ wǎngqiú.

그녀는 테니스를 칠 줄 안다.
_____

04 주어 不会 술어 목적어

문장 성분에 유의하여 우리말을 중국어로 바꿔 써 봅시다.

주어 不会 술어 목적어

나는 중국어를 할 줄 모른다.
我不会说汉语。
워 뿌 후에이 슈어 한위.
Wǒ bú huì shuō Hànyǔ.

나는 중국어를 할 줄 모른다.
_____

주어 不会 술어 목적어

그는 운전할 줄 모른다.
他不会开车。
타 뿌 후에이 카이쳐.
Tā bú huì kāichē.

그는 운전할 줄 모른다.
_____

주어 不会 술어 목적어

그녀는 테니스를 칠 줄 모른다.
她不会打网球。
타 뿌 후에이 따 왕치요우.
Tā bú huì dǎ wǎngqiú.

그녀는 테니스를 칠 줄 모른다.
_____

기초 _ 문장 | 91

05 주어 可以 술어 목적어 : 허락에 의해 가능

문장 성분에 유의하여 우리말을 중국어로 바꿔 써 봅시다.

주어 可以 술어 목적어

나는 이제 집에 가도 된다.
我现在可以回家。
워 씨앤짜이 커이 후에이찌아.
Wǒ xiànzài kěyǐ huíjiā.

나는 이제 집에 가도 된다.
_____

주어 可以 술어 목적어

그는 오늘 퇴원해도 된다.
他今天可以出院。
타 찐티앤 커이 츄위앤.
Tā jīntiān kěyǐ chūyuàn.

그는 오늘 퇴원해도 된다.
_____

주어 可以 술어 목적어

이 옷은 입어봐도 된다.
这件衣服可以试穿。
쪄 찌앤 이푸 커이 싀츄안.
Zhè jiàn yīfu kěyǐ shìchuān.

이 옷은 입어봐도 된다.
_____

06 주어 不可以 술어 목적어

문장 성분에 유의하여 우리말을 중국어로 바꿔 써 봅시다.

주어 不可以 술어 목적어

나는 지금 집에 가면 안 된다.
我现在不可以回家。
워 씨앤짜이 뿌 커이 후에이찌아.
Wǒ xiànzài bù kěyǐ huíjiā.

나는 지금 집에 가면 안 된다.
_____

주어 不可以 술어 목적어

그는 오늘 퇴원하면 안 된다.
他今天不可以出院。
타 찐티앤 뿌 커이 츄위앤.
Tā jīntiān bù kěyǐ chūyuàn.

그는 오늘 퇴원하면 안 된다.
_____

주어 不可以 술어 목적어

이 옷은 입어보면 안 된다.
这件衣服不可以试穿。
쪄 찌앤 이푸 뿌 커이 스츄안.
Zhè jiàn yīfu bù kěyǐ shìchuān.

이 옷은 입어보면 안 된다.
_____

기초 _ 문장 | 93

확인 문제 주어진 단어를 어순에 맞게 써 보세요.

1. 그는 중국요리를 할 수 있다.

   能 / 中国菜 / 做 / 他

   _____

2. 나는 영어를 할 수 없다.

   能 / 我 / 英语 / 不 / 说

   _____

3. 그는 운전할 줄 안다.

   他 / 开 / 会 / 车

   _____

4. 그녀는 테니스를 칠 줄 모른다.

   打 / 不 / 她 / 网球 / 会

   _____

확인 문제 주어진 단어를 어순에 맞게 써 보세요.

5. 이 옷은 입어봐도 된다.

这 / 可以 / 试穿 / 衣服 / 件

_____

6. 그는 오늘 퇴원하면 안 된다.

他 / 不 / 今天 / 出院 / 可以

_____

1

해석: 他能做中国菜。타 넝 쭈어 쫑꾸어차이. Tā néng zuò Zhōngguócài. 그는 중국요리를 할 수 있다.
해설: 他(그) 能(~할 수 있다) 做(만들다) 中国菜(중국요리)
이 문장의 올바른 어순은 '주어+能+술어+목적어'이다. 이 때, '~ 할 수 있다'라는 뜻의 '能'은 술어인 '做'의 앞에 쓴다.

2

해석: 我不能说英语。워 뿌 넝 슈어 잉위. Wǒ bù néng shuō Yīngyǔ. 나는 영어를 할 수 없다.
해설: 我(나) 不能(~할 수 없다) 说(말하다) 英语(영어)
이 문장의 올바른 어순은 '주어+不+能+술어+목적어'이다. 이 때, '~ 할 수 없다'라는 뜻의 '不能'은 술어인 '说'의 앞에 쓴다.

3

해석: 他会开车。타 후에이 카이쳐. Tā huì kāichē. 그는 운전할 줄 안다.
해설: 他(그) 会(~할 줄 안다) 开(운전하다) 车(차)
이 문장의 올바른 어순은 '주어+会+술어+목적어'이다. 이 때, '~ 할 줄 안다'라는 뜻의 '会'는 술어인 '开'의 앞에 쓴다.

4

해석: 她不会打网球。타 뿌 후에이 따 왕치요우. Tā bú huì dǎ wǎngqiú. 그녀는 테니스를 칠 줄 모른다.
해설: 她(그녀는) 不会(~할 줄 모른다) 打(치다) 网球(테니스)
이 문장의 올바른 어순은 '주어+不+会+술어+목적어'이다.
이 때, '~ 할 줄 모른다'라는 뜻의 '不会'는 술어인 '打'의 앞에 쓴다.

5

해석: 这件衣服可以试穿。쩌 찌앤 이푸 커이 식츄안. Zhè jiàn yīfu kěyǐ shìchuān. 이 옷은 입어봐도 된다.
해설: 这(이 것) 件(옷을 세는 양사) 衣服(옷) 可以(~해도 된다) 试穿(입어 보다)
이 문장의 올바른 어순은 '주어+可以+술어+목적어'이다. 이 때, '~ 해도 된다'라는 뜻의 '可以'는 술어인 '试穿'의 앞에 쓴다.

6

해석: 他今天不可以出院。타 찐티앤 뿌 커이 츄위앤. Tā jīntiān bù kěyǐ chūyuàn. 그는 오늘 퇴원하면 안 된다.
해설: 他(그) 不可以(~하면 안 된다) 出院(퇴원)
이 문장의 올바른 어순은 '주어+不+可以+술어+목적어'이다.
이 때, '~하면 안 된다'라는 뜻의 '不可以'는 술어인 '出院'의 앞에 쓴다.

마법처럼 풀리는 **마풀중국어**

6강

핵심 포인트

제안, 명령, 추측의 표현은 문장 뒤에 吧를 써서 표현한다.

주어 술어 목적어 吧

 **제안: ~하자**

문장 성분에 유의하여 우리말을 중국어로 바꿔 써 봅시다.

주어 술어 목적어 吧

우리 술 마시자.
我们**喝**酒吧。

 워먼 **허 찌요우** 빠.
Wǒmen hē jiǔ ba.

우리 술 마시자.
_____

주어 술어 목적어 吧

우리 같이 가자.
我们**一起去**吧。

 워먼 **이치 취** 빠.
Wǒmen yìqǐ qù ba.

우리 같이 가자.
_____

02 명령: ~해

문장 성분에 유의하여 우리말을 중국어로 바꿔 써 봅시다.

주어 술어 목적어 吧

밥 먹어.
吃饭吧。
츼 판 빠.
Chī fàn ba.

밥 먹어.
_____

주어 술어 목적어 吧

숙제 먼저 해.
你先做作业吧。
니 씨앤 쭈어 쭈어예 빠.
Nǐ xiān zuò zuòyè ba.

숙제 먼저 해.
_____

 **03 추측: ~이죠?**

문장 성분에 유의하여 우리말을 중국어로 바꿔 써 봅시다.

주어 술어 목적어 吧

당신 한국 사람이죠?
你是韩国人吧?
니 싀 한꾸어런 빠?
Nǐ shì Hánguórén ba?

당신 한국 사람이죠?
_____

주어 술어 목적어 吧

상하이의 여름은 덥죠?
上海的夏天很热吧?
샹하이 떠 씨아티앤 헌 뤄 빠?
Shànghǎi de xiàtiān hěn rè ba?

상하이의 여름은 덥죠?
_____

확인 문제 주어진 단어를 어순에 맞게 써 보세요.

1. 우리 술 마시자.

   酒 / 喝 / 吧 / 我们

   _____

2. 우리 같이 가자.

   一起 / 我们 / 吧 / 去

   _____

3. 숙제 먼저 해.

   做 / 你 / 作业 / 先 / 吧

   _____

4. 당신 한국 사람이죠?

   吧 / 你 / 韩国人 / 是

   _____

5. 상하이의 여름은 덥죠?

   夏天 / 很 / 上海 / 吧 / 热 / 的

   _____

1
해석: 我们喝酒吧。 워먼 허 찌요우 빠. Wǒmen hē jiǔ ba. 우리 술 마시자.
해설: 我们(우리) 喝(마시다) 酒(술) 吧(제안의 조사)
　　　이 문장의 올바른 어순은 '주어+술어+목적어+吧'이다. 이 때, '~하자'라는 뜻의 '吧'는 문장 맨 뒤에 쓴다.

2
해석: 我们一起去吧。 워먼 이치 취 빠. Wǒmen yìqǐ qù ba. 우리 같이 가자.
해설: 我们(우리) 一起(함께) 去(가다) 吧(제안의 조사)
　　　이 문장의 올바른 어순은 '주어+부사(一起)+술어+吧'이다. 이 때, '~하자'라는 뜻의 '吧'는 문장 맨 뒤에 쓴다.

3
해석: 你先做作业吧。 니 씨앤 쭈어 쭈어예 빠. Nǐ xiān zuò zuòyè ba. 숙제 먼저 해.
해설: 你(너) 先(먼저) 做(하다) 作业(숙제) 吧(명령의 조사)
　　　이 문장의 올바른 어순은 '주어+先+술어+목적어+吧'이다. 이 때, '~해라'라는 뜻의 '吧'는 문장 맨 뒤에 쓴다.

4
해석: 你是韩国人吧? 니 싀 한꾸어런 빠? Nǐ shì Hánguórén ba? 당신 한국 사람이죠?
해설: 你(당신은) 是(~이다) 韩国人(한국인) 吧(추측의 조사)
　　　이 문장의 올바른 어순은 '주어+술어+목적어+吧?'이다. 이 때, '~이죠'라는 뜻의 '吧'는 문장 맨 뒤에 쓴다.

5
해석: 上海的夏天很热吧? 샹하이 떠 씨아티앤 헌 러 빠? Shànghǎi de xiàtiān hěn rè ba? 상하이의 여름은 덥죠?
해설: 上海(상하이) 的(~의) 夏天(여름) 很(아주) 热(덥다) 吧(추측의 조사)
　　　이 문장의 올바른 어순은 '주어+很+술어+吧?'이다. 이 때, '~이죠'라는 뜻의 '吧'는 문장 맨 뒤에 쓴다.

마법처럼 풀리는 **마풀중국어**

7강

핵심 포인트
사물을 묻는 의문대명사 什么는 '무엇'을 의미하고,
의문대명사 의문문에는 어기조사 吗를 쓰지 않는다.

주어 술어 什么?

01 주어 술어 什么?

문장 성분에 유의하여 우리말을 중국어로 바꿔 써 봅시다.

주어 술어 什么?
这是什么?
쩌 스 션머?
Zhè shì shénme?

이것은 무엇입니까?

_____

A: 이것은 무엇입니까?
这是什么?
쩌 스 션머?
Zhè shì shénme?

A: 이것은 무엇입니까?

_____

A: 이것은 무엇입니까?
这是什么?
B: 이것은 커피다.
这是咖啡。
쩌 스 카페이.
Zhè shì kāfēi.

B: 이것은 커피다.

_____

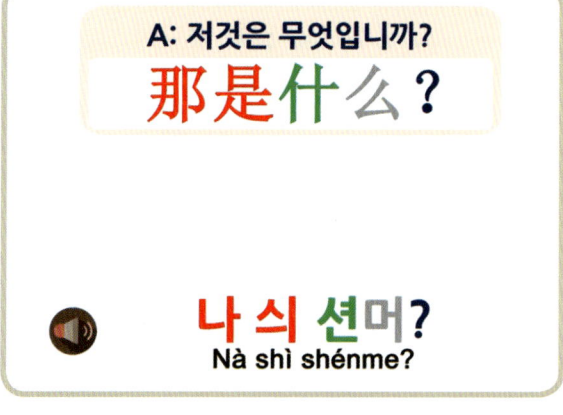

A: 저것은 무엇입니까?

___

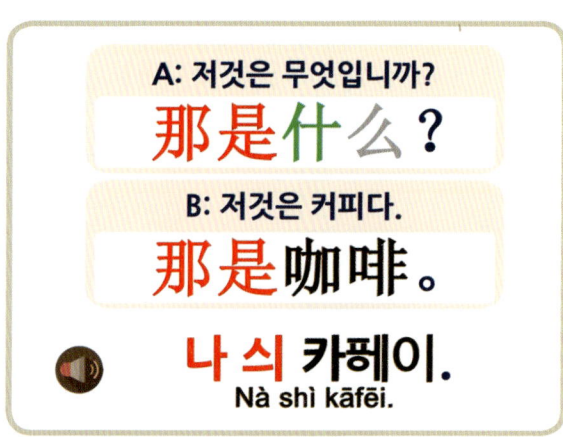

B: 저것은 커피다.

___

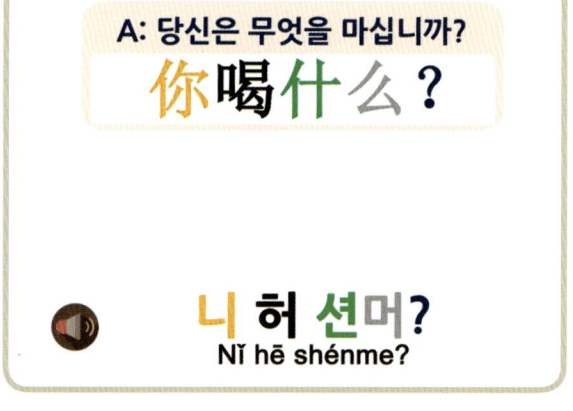

A: 당신은 무엇을 마십니까?

___

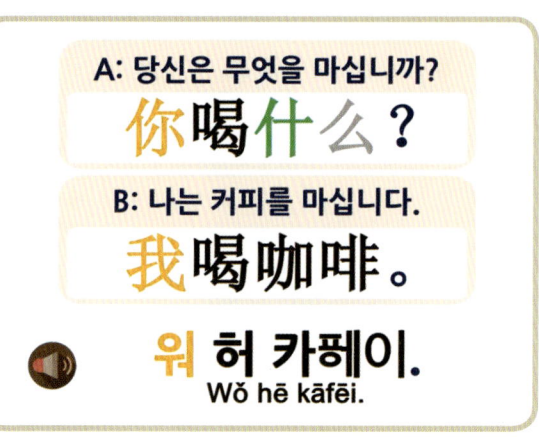

B: 나는 커피를 마십니다.

___

A: 당신은 무엇을 봅니까?	A: 당신은 무엇을 봅니까?
你看什么?	你看什么?
니 칸 션머?	B: 나는 중국어책을 봅니다.
Nǐ kàn shénme?	我看汉语书。
	워 칸 한위슈.
	Wǒ kàn Hànyǔshū.

A: 당신은 무엇을 봅니까?

B: 나는 중국어책을 봅니다.

_____   _____

확인 문제 주어진 단어를 어순에 맞게 써 보세요.

1. 이것은 무엇입니까?

    是 / 什么 / 这

    _____

2. 이것은 커피다.

    这 / 咖啡 / 是

    _____

3. 저것은 무엇입니까?

    什么 / 那 / 是

    _____

4. 저것은 커피다.

    那 / 是 / 咖啡

    _____

확인 문제 주어진 단어를 어순에 맞게 써 보세요.

5. 당신은 무엇을 마십니까?

   喝 / 你 / 什么

   _____

6. 당신은 무엇을 봅니까?

   看 / 什么 / 你

   _____

7. 나는 중국어책을 봅니다.

   看 / 我 / 汉语书

   _____

1
해석: 这是什么? 쩌 시 션머? Zhè shì shénme? 이것은 무엇입니까?
해설: 这(이것) 是(~이다) 什么(무엇)
　　　이 문장의 올바른 어순은 '주어+술어+什么?'이다.

2
해석: 这是咖啡。쩌 시 카페이. Zhè shì kāfēi. 이것은 커피다.
해설: 这(이것) 是(~이다) 咖啡(커피)
　　　이 문장의 올바른 어순은 '주어+술어+목적어'이다.

3
해석: 那是什么? 나 시 션머? Nà shì shénme? 저것은 무엇입니까?
해설: 那(저것) 是(~이다) 什么(무엇)
　　　이 문장의 올바른 어순은 '주어+술어+什么?'이다.

4
해석: 那是咖啡。나 시 카페이. Nà shì kāfēi. 저것은 커피다.
해설: 那(저것) 是(~이다) 咖啡(커피)
　　　이 문장의 올바른 어순은 '주어+술어+목적어'이다.

5
해석: 你喝什么? 니 허 션머? Nǐ hē shénme? 당신은 무엇을 마십니까?
해설: 你(당신은) 喝(마시다) 什么(무엇)
　　　이 문장의 올바른 어순은 '주어+술어+什么?'이다.

6
해석: 你看什么? 니 칸 션머? Nǐ kàn shénme? 당신은 무엇을 봅니까?
해설: 你(당신) 看(보다) 什么(무엇)
　　　이 문장의 올바른 어순은 '주어+술어+什么?'이다.

7
해석: 我看汉语书。워 칸 한위슈. Wǒ kàn Hànyǔshū. 나는 중국어책을 봅니다.
해설: 我(나) 看(보다) 汉语书(중국어책)
　　　이 문장의 올바른 어순은 '주어+술어+목적어'이다.

Memo

마법처럼 풀리는 **마풀중국어**

8강

핵심 포인트

장소를 묻는 의문대명사 哪儿은 '어디'를 의미하고,
'가다'라는 의미의 동사 去와 함께 표현할 수 있다.

주어 去 哪儿 ?
주어 在 哪儿 ?

주어 去 哪儿？

문장 성분에 유의하여 우리말을 중국어로 바꿔 써 봅시다.

당신은 어디에 갑니까?
你去哪儿？
~에 가다
Nǐ qù nǎr?

당신은 어디에 갑니까?

_____

A: 그는 어디에 갑니까?
他去哪儿？
Tā qù nǎr?

A: 그는 어디에 갑니까?

_____

A: 그는 어디에 갑니까?
他去哪儿？
B: 그는 회사에 갑니다.
他去公司。
Tā qù gōngsī.

B: 그는 회사에 갑니다.

_____

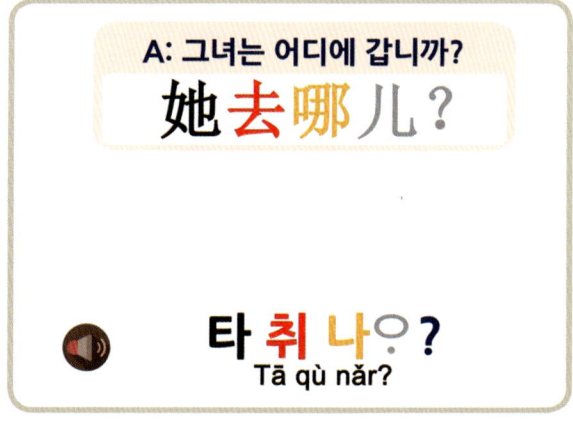

A: 그녀는 어디에 갑니까?　　　　B: 그녀는 병원에 갑니다.

_____　_____

02　주어 在 哪儿?

문장 성분에 유의하여 우리말을 중국어로 바꿔 써 봅시다.

당신은 어디에 있습니까?

_____

기초 _ 문장 | 113

A: 그는 어디에 있습니까?	B: 그는 카페에 있습니다.
他在哪儿?	他在咖啡厅。
타 짜이 나얼?	타 짜이 카페이팅.
Tā zài nǎr?	Tā zài kāfēitīng.

A: 그는 어디에 있습니까?

B: 그는 카페에 있습니다.

A: 그녀는 어디에 있습니까?	B: 그녀는 집에 있습니다.
她在哪儿?	她在家。
타 짜이 나얼?	타 짜이 찌아.
Tā zài nǎr?	Tā zài jiā.

A: 그녀는 어디에 있습니까?

B: 그녀는 집에 있습니다.

확인 문제 주어진 단어를 어순에 맞게 써 보세요.

1. 그는 어디에 갑니까?

   去 / 他 / 哪儿

   _____

2. 그는 회사에 갑니다.

   公司 / 他 / 去

   _____

3. 그녀는 병원에 갑니다.

   去 / 她 / 医院

   _____

4. 그는 어디에 있습니까?

   在 / 哪儿 / 他

   _____

확인 문제 주어진 단어를 어순에 맞게 써 보세요.

5. 그는 카페에 있습니다.

   咖啡厅 / 他 / 在

   _____

6. 그녀는 집에 있습니다.

   她 / 家 / 在

   _____

1
해석: 他去哪儿? 타 취 나얼? Tā qù nǎr? 그는 어디에 갑니까?
해설: 他(그는) 去(가다) 哪儿(어디)
이 문장의 올바른 어순은 '주어+술어+哪儿?'이다.

2
해석: 他去公司。타 취 꽁쓰. Tā qù gōngsī. 그는 회사에 갑니다.
해설: 他(그) 去(가다) 公司(회사)
이 문장의 올바른 어순은 '주어+술어+목적어'이다.

3
해석: 她去医院。타 취 이위앤. Tā qù yīyuàn. 그녀는 병원에 갑니다.
해설: 她(그녀) 去(가다) 医院(병원)
이 문장의 올바른 어순은 '주어+술어+목적어'이다.

4
해석: 他在哪儿? 타 짜이 나얼? Tā zài nǎr? 그는 어디에 있습니까?
해설: 他(그) 在(~에 있다) 哪儿(어디)
이 문장의 올바른 어순은 '주어+술어+哪儿?'이다.

5
해석: 他在咖啡厅。타 짜이 카페이팅. Tā zài kāfēitīng. 그는 카페에 있습니다.
해설: 他(그) 在(~에 있다) 咖啡厅(카페)
이 문장의 올바른 어순은 '주어+술어+목적어'이다.

6
해석: 她在家。타 짜이 찌아. Tā zài jiā. 그녀는 집에 있습니다.
해설: 她(그녀) 在(~에 있다) 家(집)
이 문장의 올바른 어순은 '주어+술어+목적어'이다.

마법처럼 풀리는 **마풀중국어**

9강

핵심 포인트

개사 在는 '~에서'라는 뜻으로 뒤에 장소와 함께 개사구로 표현하고, 개사구는 일반적으로 술어 앞에 위치한다.

在 + 장소
在 + 장소 + 동사
在 + 哪儿 + 동사?

01 在 + 장소

문장 성분에 유의하여 우리말을 중국어로 바꿔 써 봅시다.

나는 집에 있다.

_____

02 在 + 장소 + 동사

문장 성분에 유의하여 우리말을 중국어로 바꿔 써 봅시다.

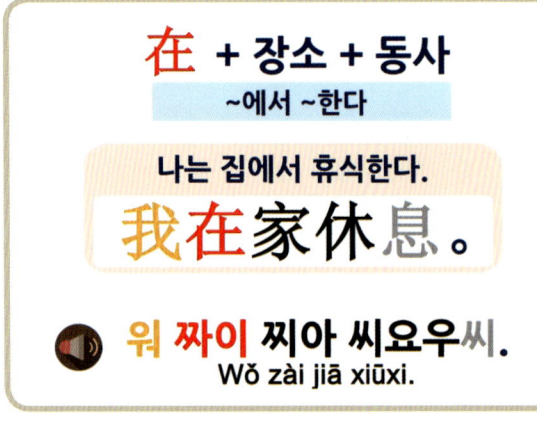

나는 집에서 휴식한다.

_____

在 + 장소 + 동사

나는 도서관에서 책을 본다.
我在图书馆看书。

워 짜이 투슈꾸안 칸 슈.
Wǒ zài túshūguǎn kàn shū.

나는 도서관에서 책을 본다.
_____

在 + 장소 + 동사

그녀는 학교에서 일한다.
她在学校工作。

타 짜이 쉬에씨아오 꽁쭈어.
Tā zài xuéxiào gōngzuò.

그녀는 학교에서 일한다.
_____

在 + 장소 + 동사

그는 상점에서 옷을 산다.
他在商店买衣服。

타 짜이 샹띠앤 마이 이푸.
Tā zài shāngdiàn mǎi yīfu.

그는 상점에서 옷을 산다.
_____

기초 _ 문장 | 119

03 在 + 哪儿 + 동사

문장 성분에 유의하여 우리말을 중국어로 바꿔 써 봅시다.

在 + 哪儿 + 동사?
어디에서 ~하니?

당신은 어디에서 쉽니까?
你在哪儿休息?
니 짜이 나ㄹ 씨요우씨?
Nǐ zài nǎr xiūxi?

당신은 어디에서 쉽니까?

在 + 哪儿 + 동사?

당신은 어디에서 책을 봅니까?
你在哪儿看书?
니 짜이 나ㄹ 칸 슈?
Nǐ zài nǎr kàn shū?

당신은 어디에서 책을 봅니까?

在 + 哪儿 + 동사?

그녀는 어디에서 일합니까?
她在哪儿工作?
타 짜이 나ㄹ 꽁쭈어?
Tā zài nǎr gōngzuò?

그녀는 어디에서 일합니까?

在 + 哪儿 + 동사?

그는 어디에서 옷을 삽니까?
他在哪儿买衣服?
타 짜이 나ㄹ 마이 이푸?
Tā zài nǎr mǎi yīfu?

그는 어디에서 옷을 삽니까?

확인 문제 주어진 단어를 어순에 맞게 써 보세요.

1. 나는 집에 있다.

    在 / 家 / 我

    _____

2. 나는 집에서 휴식한다.

    在 / 休息 / 家 / 我

    _____

3. 나는 도서관에서 책을 본다.

    书 / 在 / 看 / 我 / 图书馆

    _____

4. 그녀는 학교에서 일한다.

    工作 / 在 / 学校 / 她

    _____

5. 그는 상점에서 옷을 산다.

    商店 / 他 / 衣服 / 买 / 在

    _____

확인 문제 주어진 단어를 어순에 맞게 써 보세요.

6. 당신은 어디에서 쉽니까?

   哪儿 / 在 / 你 / 休息

   _____

7. 당신은 어디에서 책을 봅니까?

   书 / 你 / 看 / 在 / 哪儿

   _____

8. 그녀는 어디에서 일합니까?

   哪儿 / 她 / 工作 / 在

   _____

9. 그는 어디에서 옷을 삽니까?

   买 / 他 / 衣服 / 哪儿 / 在

   _____

1

해석: 我在家。워 짜이 찌아. Wǒ zài jiā. 나는 집에 있다.
해설: 我(나) 在(~에 있다) 家(집)
이 문장의 올바른 어순은 '주어+술어+목적어'이다.

2

해석: 我在家休息。워 짜이 찌아 씨요우씨. Wǒ zài jiā xiūxi. 나는 집에서 휴식한다.
해설: 我(나) 在(~에서) 家(집) 休息(휴식한다)
이 문장의 올바른 어순은 '주어+在+장소+술어'이다. 이 때, 개사구인 '[在+장소]'는 술어인 '休息' 앞에 쓴다.

3

해석: 我在图书馆看书。워 짜이 투슈꾸안 칸 슈. Wǒ zài túshūguǎn kàn shū. 나는 도서관에서 책을 본다.
해설: 我(나) 在(~에서) 图书馆(도서관) 看(보다) 书(책)
이 문장의 올바른 어순은 '주어+在+장소+술어+목적어'이다. 이 때, 개사구인 '[在+장소]'는 술어인 '看'의 앞에 쓴다.

4

해석: 她在学校工作。타 짜이 쉬에씨아오 꽁쭈어. Tā zài xuéxiào gōngzuò. 그녀는 학교에서 일한다.
해설: 她(그녀) 在(~에서) 学校(학교) 工作(일한다)
이 문장의 올바른 어순은 '주어+在+장소+술어'이다. 이 때, 개사구인 '[在+장소]'는 술어인 '工作'앞에 쓴다.

5

해석: 他在商店买衣服。타 짜이 샹띠앤 마이 이푸. Tā zài shāngdiàn mǎi yīfu. 그는 상점에서 옷을 산다.
해설: 他(그) 在(~에서) 商店(상점) 买(사다) 衣服(옷)
이 문장의 올바른 어순은 '주어+在+장소+술어+목적어'이다. 이 때, 개사구인 '[在+장소]'는 술어인 '买'의 앞에 쓴다.

6

해석: 你在哪儿休息? 니 짜이 나ㅇ 씨요우씨? Nǐ zài nǎr xiūxi? 당신은 어디에서 쉽니까?
해설: 你(당신) 在(~에서) 哪儿(어디) 休息(휴식하다)
이 문장의 올바른 어순은 '주어+在+哪儿+술어'이다. 이 때, 개사구인 '[在+哪儿]'은 술어인 '休息'의 앞에 쓴다.

7

해석: 你在哪儿看书? 니 짜이 나ㅇ 칸 슈? Nǐ zài nǎr kàn shū? 당신은 어디에서 책을 봅니까?
해설: 你(당신) 在(~에서) 哪儿(어디) 看(보다) 书(책)
이 문장의 올바른 어순은 '주어+在+哪儿+술어+목적어'이다. 이 때, 개사구인 '[在+哪儿]'은 술어인 '看'의 앞에 쓴다.

8

해석: 她在哪儿工作? 타 짜이 나ㅇ 꽁쭈어? Tā zài nǎr gōngzuò? 그녀는 어디에서 일합니까?
해설: 她(그녀) 在(~에서) 哪儿(어디) 工作(일하다)
이 문장의 올바른 어순은 '주어+在+哪儿+술어'이다. 이 때, 개사구인 '[在+哪儿]'은 술어인 '工作'의 앞에 쓴다.

9

해석: 他在哪儿买衣服? 타 짜이 나ㅇ 마이 이푸? Tā zài nǎr mǎi yīfu? 그는 어디에서 옷을 삽니까?
해설: 他(그) 在(~에서) 哪儿(어디) 买(사다) 衣服(옷)
이 문장의 올바른 어순은 '주어+在+哪儿+술어+목적어'이다. 이 때, 개사구인 '[在+哪儿]'은 술어인 '买'의 앞에 쓴다.

Memo

마법처럼 풀리는 마풀중국어

10강

핵심 포인트

중국어의 숫자는 한글 어순과 같고, 백 단위 이상부터 2는 两으로 표현하고, 0은 零으로 표현한다.

1~10
100(百)
2(两)
0(零)

 # 1~10

1~10까지 숫자를 중국어로 써 봅시다.

_____ _____

다음 숫자를 중국어로 써 봅시다.

_____ _____ _____

02 100(百)

다음 숫자를 중국어로 써 봅시다.

03 2(两)

다음 숫자를 중국어로 써 봅시다.

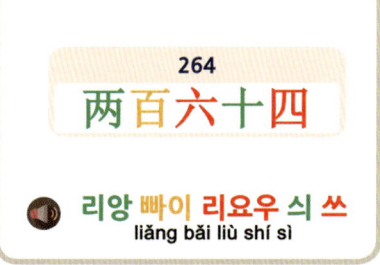

04 0(零)

다음 숫자를 중국어로 써 봅시다.

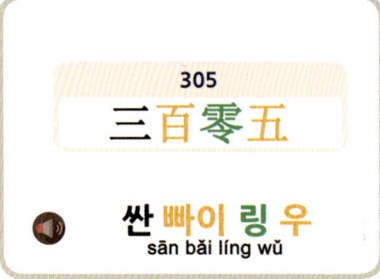
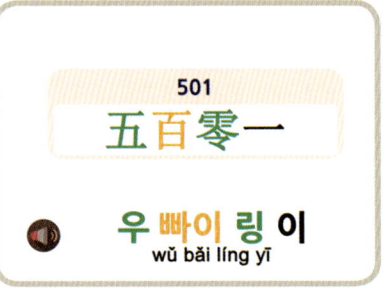

확인 문제 주어진 단어를 어순에 맞게 써 보세요.

> 零　一　二　三　四　五　六
> 七　八　九　十　百　两

1.
15
_____

2.
37
_____

3.
45
_____

4.
67
_____

5.
404
_____

6.
283
_____

7.
249
_____

8.
490
_____

1
답: 十五
쓰: 싀우

2
답: 三十七
쌴싀치

3
답: 四十五
쓰싀우

4
답: 六十七
리요우싀치

5
답: 四百零四
쓰빠이링쓰

6
답: 两百八十三
리앙빠이 빠싀싼

7
답: 两百四十九
리앙빠이 쓰싀찌요우

8
답: 四百九
쓰빠이찌요우

마법처럼 풀리는 **마풀중국어**

11강

핵심 포인트
'몇'을 의미하는 의문수사 几로 날짜와 요일을 묻고,
그 자리에 숫자를 넣어서 표현한다.

날짜
요일
시간

01 날짜

날짜와 관련된 우리말을 중국어로 바꿔 써 봅시다.

몇 월 며칠입니까?

几月几号?
찌 위에 찌 하오?
Jǐ yuè jǐ hào?

몇 월 며칠입니까?
_____

A: 오늘은 몇 월 며칠입니까?

今天几月几号?
찐티앤 찌 위에 찌 하오?
Jīntiān jǐ yuè jǐ hào?

A: 오늘은 몇 월 며칠입니까?
_____

B: 오늘은 11월 5일입니다.

今天几月几号?
今天十一月五号。
찐티앤 스 이 위에 우 하오.
Jīntiān shí yī yuè wǔ hào.

B: 오늘은 11월 5일입니다.
_____

A: 어제는 몇 월 며칠입니까?

B: 어제는 10월 3일입니다.

A: 내일은 몇 월 며칠입니까?

B: 내일은 5월 13일입니다.

02 요일

요일과 관련된 우리말을 중국어로 바꿔 써 봅시다.

무슨 요일입니까?
星期几?
씽치 찌?
Xīngqī jǐ?

무슨 요일입니까?

_____

오늘은 무슨 요일입니까?
今天星期几?
찐티앤 씽치 찌?
Jīntiān xīngqī jǐ?

오늘은 무슨 요일입니까?
今天星期几?
오늘은 월요일입니다.
今天星期一。
찐티앤 씽치이.
Jīntiān xīngqīyī.

A: 오늘은 무슨 요일입니까?

_____

B: 오늘은 월요일입니다.

_____

어제는 무슨 요일이었습니까? 昨天星期几? 쭈어티앤 씽치 찌? Zuótiān xīngqī jǐ?	어제는 무슨 요일이었습니까? 昨天星期几? 어제는 화요일입니다. 昨天星期二。 쭈어티앤 씽치으. Zuótiān xīngqī'èr.
A: 어제는 무슨 요일입니까?	B: 어제는 화요일입니다.
내일은 무슨 요일입니까? 明天星期几? 밍티앤 씽치 찌? Míngtiān xīngqī jǐ?	내일은 무슨 요일입니까? 明天星期几? 내일은 일요일입니다. 明天星期天。 밍티앤 씽치티앤. Míngtiān xīngqītiān.
A: 내일은 무슨 요일입니까?	B: 내일은 일요일입니다.

03 시간

시간과 관련된 우리말을 중국어로 바꿔 써 봅시다.

지금 몇 시입니까?

现在几点?

씨앤짜이 찌 띠앤?
Xiànzài jǐ diǎn?

지금 몇 시입니까?

_____

지금은 몇 시입니까?

现在几点?

씨앤짜이 찌 띠앤?
Xiànzài jǐ diǎn?

A: 지금은 몇 시입니까?

_____

지금은 몇 시입니까?

现在几点?

지금은 7시 40분 입니다.

现在七点四十分。

씨앤짜이 치 띠앤 쓰 싀 펀.
Xiànzài qī diǎn sì shí fēn.

B: 지금은 7시 40분입니다.

_____

A: 지금은 몇 시입니까?

_____

B1: 지금은 8시 반입니다.

_____

B2: 지금은 8시 반입니다.

_____

지금은 몇 시입니까?	지금은 몇 시입니까?
现在几点?	现在几点?
	지금은 10시 10분 입니다.
	现在十点十分。
씨앤짜이 찌 띠앤?	씨앤짜이 스 띠앤 스 펀.
Xiànzài jǐ diǎn?	Xiànzài shí diǎn shí fēn.

A: 지금은 몇 시입니까?

B: 지금은 10시 10분입니다.

| 확인 문제 | 주어진 단어를 어순에 맞게 써 보세요. |

1. 어제는 몇 월 며칠입니까?

   几 / 月 / 昨天 / 号 / 几

   _____

2. 내일은 5월 13일 입니다.

   号 / 月 / 三 / 明天 / 十 / 五

   _____

3. 어제는 화요일입니다.

   二 / 昨天 / 星期

   _____

4. 내일은 무슨 요일입니까?

   明天 / 几 / 星期

   _____

5. 내일은 일요일입니다.

   星期 / 明天 / 天

   _____

확인 문제 주어진 단어를 어순에 맞게 써 보세요.

6. 지금은 몇 시입니까?

现在 / 点 / 几

_____

7. 지금은 8시 30분 입니다.

八 / 点 / 现在 / 半

_____

1
해석: 昨天几月几号? 쭈어티앤 찌 위에 찌 하오? Zuótiān jǐ yuè jǐ hào? 어제는 몇 월 며칠입니까?

2
해석: 明天五月十三号。 밍티앤 우 위에 식 싼 하오. Míngtiān wǔ yuè shísān hào. 내일은 5월 13일입니다.

3
해석: 昨天星期二。 쭈어티앤 씽치으. Zuótiān xīngqīèr. 어제는 화요일입니다.

4
해석: 明天星期几? 밍티앤 씽치 찌? Míngtiān xīngqī jǐ? 내일은 무슨 요일입니까?

5
해석: 明天星期天。 밍티앤 씽치티앤. Míngtiān xīngqītiān. 내일은 일요일입니다.

6
해석: 现在几点? 씨앤짜이 찌 띠앤? Xiànzài jǐ diǎn? 지금은 몇 시입니까?

7
해석: 现在八点半。 씨앤짜이 빠 띠앤 빤. Xiànzài bā diǎn bàn. 지금은 8시 반 입니다.
해설: 시간을 표현할 때 '半'은 '30분, 반'을 나타낸다.

마법처럼 풀리는 **마풀중국어**

12강

핵심 포인트

'몇'을 의미하는 의문수사 几로 날짜와 요일을 묻고, 그 자리에 숫자를 넣어서 표현한다.

수사 양사 명사

01 수사 양사 명사

각각의 양사에 유의하여 우리말을 중국어로 바꿔 써 봅시다.

커피 한 잔

_____

나는 커피 한 잔을 마신다.

_____

책 한 권

_____

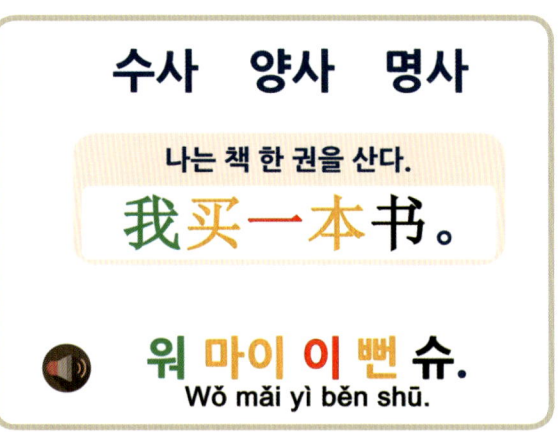

나는 책 한 권을 산다.

_____

옷 세 벌

나는 옷 세 벌을 산다.

고량주 한 병

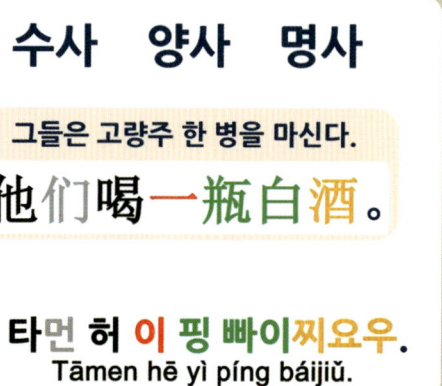

그들은 고량주 한 병을 마신다.

수사 양사 명사	수사 양사 명사
빵 세 개 三个面包 싼 꺼 미앤빠오 sān ge miànbāo	나는 빵 세 개를 먹는다. 我吃三个面包。 워 츠 싼 꺼 미앤빠오. Wǒ chī sān ge miànbāo.

빵 세 개

나는 빵 세 개를 먹는다

_____

_____

수사 양사 명사	수사 양사 명사
친구 두 명 两个朋友 리앙 꺼 펑요우 liǎng ge péngyou	나는 친구 두 명이 있다. 我有两个朋友。 워 요우 리앙 꺼 펑요우. Wǒ yǒu liǎng ge péngyou.

친구 두 명

나는 친구 두 명이 있다.

_____

_____

확인 문제 주어진 단어를 어순에 맞게 써 보세요.

1. 나는 커피 한 잔을 마신다.

   一杯 / 我 / 咖啡 / 喝

   _____

2. 나는 옷 세 벌을 산다.

   件 / 我 / 买 / 衣服 / 三

   _____

3. 나는 빵 세 개를 먹는다.

   我 / 三 / 面包 / 吃 / 个

   _____

4. 나는 친구 두 명이 있다.

   两 / 有 / 我 / 朋友 / 个

   _____

1
해석: 我喝一杯咖啡。 워 허 이 뻬이 카페이. Wǒ hē yì bēi kāfēi. 나는 커피 한 잔을 마신다.
해설: 我(나) 喝(마시다) 一杯(한 잔) 咖啡(커피)
'一杯'는 목적어인 '咖啡'를 세는 수량구이고, 이는 '수사+양사+명사'의 형태로 쓰이므로, 주어진 단어는 '주어+술어+수사+양사+명사'의 어순으로 표현한다.

2
해석: 我买三件衣服。 워 마이 싼 찌앤 이푸. Wǒ mǎi sān jiàn yīfu. 나는 옷 세 벌을 산다.
해설: 我(나) 买(사다) 三件(세 벌) 衣服(옷)
'三件'은 목적어인 '衣服'를 세는 수량구이고, 이는 '수사+양사+명사'의 형태로 쓰이므로, 주어진 단어는 '주어+술어+수사+양사+명사'의 어순으로 표현한다.

3
해석: 我吃三个面包。 워 칙 싼 꺼 미앤빠오. Wǒ chī sān ge miànbāo. 나는 빵 세 개를 먹는다.
해설: 我(나) 吃(먹다) 三个(세 개) 面包(빵)
'三个'는 목적어인 '面包'를 세는 수량구이고, 이는 '수사+양사+명사'의 형태로 쓰이므로, 주어진 단어는 '주어+술어+수사+양사+명사'의 어순으로 표현한다.

4
해석: 我有两个朋友。 워 요우 리앙 꺼 펑요우. Wǒ yǒu liǎng ge péngyou. 나는 친구 두 명이 있다.
해설: 我(나) 有(있다) 两个(두 명) 朋友(친구)
'两个'는 목적어인 '朋友'를 세는 수량구이고, 이는 '수사+양사+명사'의 형태로 쓰이므로, 주어진 단어는 '주어+술어+수사+양사+명사'의 어순으로 표현한다.

마법처럼 풀리는 **마풀중국어**

13강

핵심 포인트

관형어는 명사의 앞에서 구조조사 的와 함께
관형어+的+명사의 순서로 표현한다.

관형어 的 명사
소유자 的 명사
소유자 的

01 관형어 的 명사

문장 성분에 유의하여 우리말을 중국어로 바꿔 써 봅시다.

예쁜 옷

맛있는 커피

아름다운 풍경

즐거운 생활

02 소유자 的 명사

문장 성분에 유의하여 우리말을 중국어로 바꿔 써 봅시다.

나의 옷

_____

너의 책

_____

엄마의 휴대폰

_____

그녀의 컴퓨터

_____

03 소유자 的

문장 성분에 유의하여 우리말을 중국어로 바꿔 써 봅시다.

나의 것

_____

너의 것

_____

엄마의 것

_____

그녀의 것

_____

확인 문제 주어진 단어를 어순에 맞게 써 보세요.

1. 즐거운 생활

   愉快 / 生活 / 的

   _____

2. 나의 옷

   衣服 / 我 / 的

   _____

3. 엄마의 휴대폰

   的 / 手机 / 妈妈

   _____

4. 아름다운 풍경

   美丽 / 风景 / 的

   _____

5. 그녀의 컴퓨터

   电脑 / 的 / 她

   _____

1

해석: 愉快的生活 위쿠아이 떠 셩후어 yúkuài de shēnghuó 즐거운 생활
해설: 愉快(즐거운) 的(~한) 生活(생활)
　　　이 문장 성분의 올바른 어순은 '관형어+的+중심어'이다.
　　　이 때, 관형어는 수식을 하는 성분이고, 중심어는 수식을 받는 성분이다.

2

해석: 我的衣服 워 떠 이푸 wǒ de yīfu 나의 옷
해설: 我(나) 的(~의) 衣服(옷)
　　　이 문장 성분의 올바른 어순은 '관형어+的+중심어'이다.
　　　이 때, 관형어는 수식을 하는 성분이고, 중심어는 수식을 받는 성분이다.

3

해석: 妈妈的手机 마마 떠 쇼우찌 māma de shǒujī 엄마의 휴대폰
해설: 妈妈(엄마) 的(~의) 手机(휴대폰)
　　　이 문장 성분의 올바른 어순은 '관형어+的+중심어'이다.
　　　이 때, 관형어는 수식을 하는 성분이고, 중심어는 수식을 받는 성분이다.

4

해석: 美丽的风景 메이리 떠 펑찡 měilì de fēngjǐng 아름다운 풍경
해설: 美丽(아름답다) 的(~의) 风景(풍경)
　　　이 문장 성분의 올바른 어순은 '관형어+的+중심어'이다.
　　　이 때, 관형어는 수식을 하는 성분이고, 중심어는 수식을 받는 성분이다.

5

해석: 她的电脑 타 떠 띠앤나오 tā de diànnǎo 그녀의 컴퓨터
해설: 她(그녀) 的(~의) 电脑(컴퓨터)
　　　이 문장 성분의 올바른 어순은 '관형어+的+중심어'이다.
　　　이 때, 관형어는 수식을 하는 성분이고, 중심어는 수식을 받는 성분이다.

마법처럼 풀리는 마풀중국어

14강

핵심 포인트

的형용사술어문은 정도를 나타내는 정도부사와 함께 표현하는데, 정도가 심한 정도에 따라 '대단히'라는 의미의 非常, '비교적~하다'라는 의미의 比较, '아주~하다'라는 의미의 挺~的로 표현한다.

非常 술어
比较 술어
挺 술어 的

01 非常 술어

정도부사 非常에 유의하여 우리말을 중국어로 바꿔 써 봅시다.

정도부사 非常
非常
대단히, 심히, 예사롭지 않은
페이챵
fēicháng

대단히, 심히, 예사롭지 않은

정도부사 非常
굉장히 편안해요.
非常舒服。
페이챵 슈푸.
Fēicháng shūfu.

굉장히 편안해요.

정도부사 非常
대단히 감사합니다.
非常感谢。
페이챵 깐씨에.
Fēicháng gǎnxiè.

대단히 감사합니다.

정도부사 非常
네 남자친구 굉장히 멋있구나.
你的男朋友非常帅。
니 떠 난펑요우 페이챵 슈아이.
Nǐ de nánpéngyou fēicháng shuài.

네 남자친구 굉장히 멋있구나.

02 比较 술어

정도부사 比较에 유의하여 우리말을 중국어로 바꿔 써 봅시다.

비교적, 상대적으로

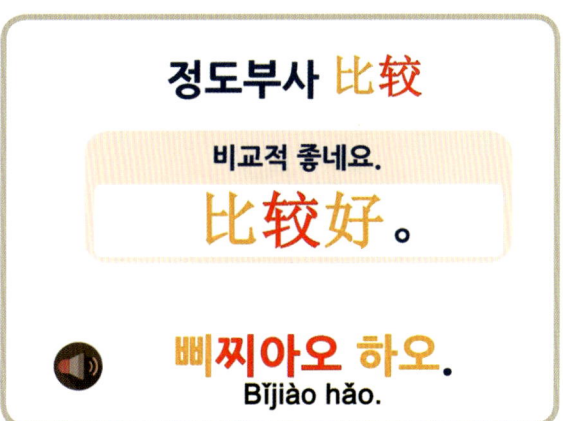

비교적 좋네요.

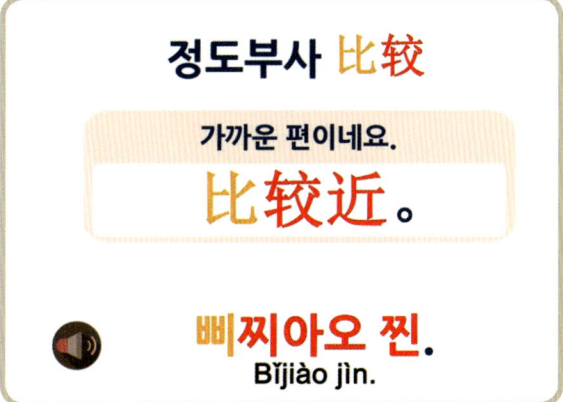

가까운 편이네요.

비교적 편리해요.

03 挺 술어 的

정도부사 挺~的에 유의하여 우리말을 중국어로 바꿔 써 봅시다.

꽤, 제법, 아주

아주 좋네요.

아주 가깝네요.

아주 편하네요.

확인 문제 주어진 단어를 어순에 맞게 써 보세요.

非常　舒服　感谢　帅　挺　近　的
你的男朋友　比较　好　方便

1. 굉장히 편안해요.
   _____

2. 대단히 감사합니다.
   _____

3. 네 남자친구 굉장히 멋있구나.
   _____

4. 비교적 좋네요.
   _____

5. 가까운 편이네요.
   _____

6. 비교적 편리해요.
   _____

7. 아주 좋네요.
   _____

8. 아주 가깝네요.
   _____

9. 아주 편하네요.
   _____

1

답: 非常舒服。
해석: 非常舒服。페이챵 슈푸. Fēicháng shūfu. 굉장히 편안해요.

2

답: 非常感谢。
해석: 非常感谢。페이챵 깐씨에. Fēicháng gǎnxiè. 대단히 감사합니다.

3

답: 你的男朋友非常帅。
해석: 你的男朋友非常帅。니 떠 난펑요우 페이챵 슈아이. Nǐ de nánpéngyou fēicháng shuài. 네 남자친구 굉장히 멋있구나!

4

답: 比较好。
해석: 比较好。삐찌아오 하오. Bǐjiào hǎo. 비교적 좋네요.

5

답: 比较近。
해석: 比较近。삐찌아오 찐. Bǐjiào jìn. 가까운 편이네요.

6

답: 比较方便。
해석: 比较方便。삐찌아오 퐝삐앤. Bǐjiào fāngbiàn. 비교적 편리해요.

7

답: 挺好的。
해석: 挺好的。팅 하오 떠. Tǐng hǎo de. 아주 좋네요.

8

답: 挺近的。
해석: 挺近的。팅 찐 떠. Tǐng jìn de. 아주 가깝네요.

9

답: 挺方便的。
해석: 挺方便的。팅 퐝삐앤 떠. Tǐng fāngbiàn de. 아주 편하네요.

마법처럼 풀리는 **마풀중국어**

15강

핵심 포인트
정반의문문은 술어의 긍정형과 부정형을 나란히 써서
표현하는 의문문이다

술어 不 술어(1음절)
술어 不 술어(2음절)

01 술어 不 술어(1음절)

의문문의 종류와 不에 유의하여 우리말을 중국어로 바꿔 써 봅시다.

일반의문문 你是韩国人吗?

니 싀 한꾸어런 마?
Nǐ shì Hánguórén ma?

(일반의문문)
당신은 한국인입니까?

일반의문문 你是韩国人吗?
정반의문문 你是不是韩国人?

니 싀 뿌 싀 한꾸어런?
Nǐ shì bu shì Hánguórén?

(정반의문문)
당신은 한국인입니까?

너 중국 가니?
你去中国吗?

니 취 쭝꾸어 마?
Nǐ qù Zhōngguó ma?

(일반의문문)
너 중국 가니?

너 중국 가니?
你去中国吗?
你去不去中国?

니 취 뿌 취 쭝꾸어?
Nǐ qù bu qù Zhōngguó?

(정반의문문)
너 중국 가니?

(일반의문문)
회사가 멀어요?

(정반의문문)
회사가 멀어요?

(일반의문문)
방이 큽니까?

(정반의문문)
방이 큽니까?

02 술어 不 술어(2음절)

의문문의 종류와 不에 유의하여 우리말을 중국어로 바꿔 써 봅시다.

너 남자친구 있어?
你有男朋友吗?
니 요우 난펑요우 마?
Nǐ yǒu nánpéngyou ma?

(일반의문문)
너 남자친구 있어?

너 남자친구 있어?
你有男朋友吗?
你有没有男朋友?
니 요우 메이요우 난펑요우?
Nǐ yǒu méiyǒu nánpéngyou?

(정반의문문)
너 남자친구 있어?

일반의문문 你喜欢咖啡吗?
니 씨후안 카페이 마?
Nǐ xǐhuan kāfēi ma?

(일반의문문)
너는 커피를 좋아하니?

일반의문문 你喜欢咖啡吗?
정반의문문 你喜不喜欢咖啡?

2음절 술어는 앞 글자만 반복

니 씨 뿌 씨후안 카페이?
Nǐ xǐ bu xǐhuan kāfēi?

(정반의문문)
너는 커피를 좋아하니?

너 집에 가도 되니? 你可以回家吗? 니 커이 후에이찌아 마? Nǐ kěyǐ huíjiā ma? (일반의문문) 너 집에 가도 되니?	너 집에 가도 되니? 你可以回家吗? 你可不可以回家? 니 커 뿌 커이 후에이찌아? Nǐ kě bu kěyǐ huíjiā? (정반의문문) 너 집에 가도 되니?
너 알아? 你知道吗? 니 쯔따오 마? Nǐ zhīdào ma? (일반의문문) 너 알아?	너 알아? 你知道吗? 你知不知道? 니 쯔 뿌 쯔따오? Nǐ zhī bu zhīdào? (정반의문문) 너 알아?

확인 문제 주어진 단어를 어순에 맞게 써 보세요.

1. 너 중국 가니?

   不 / 你 / 中国 / 去 / 去

   _____

2. 회사가 멀어요?

   不 / 公司 / 远 / 远

   _____

3. 방이 큽니까?

   大 / 大 / 房间 / 不

   _____

4. 너 집에 가도 되니?

   你 / 回家 / 不 / 可 / 可以

   _____

1

해석: 你去不去中国? 니 취 뿌 취 쫑꾸어? Nǐ qù bu qù Zhōngguó? 너 중국 가니?
해설: 같은 동사가 두 개가 있고, '不'를 회색 경성으로 표현한 것으로 보아, 정반의문문이므로 술어의 긍정형, 부정형을 나란히 써서 '주어+술어+不+술어+목적어?'의 어순으로 표현한다.

2

해석: 公司远不远? 꽁쓰 위앤 뿌 위앤? Gōngsī yuǎn bu yuǎn? 회사가 멀어요?
해설: 같은 동사가 두 개가 있고, '不'를 회색 경성으로 표현한 것으로 보아, 정반의문문이므로 술어의 긍정형, 부정형을 나란히 써서 '주어+술어+不+술어?'의 어순으로 표현한다.

3

해석: 房间大不大? 팡찌앤 따 뿌 따? Fángjiān dà bu dà? 방이 큽니까?
해설: 같은 동사가 두 개가 있고, '不'를 회색 경성으로 표현한 것으로 보아, 정반의문문이므로 술어의 긍정형, 부정형을 나란히 써서 '주어+술어+不+술어?'의 어순으로 표현한다.

4

해석: 你可不可以回家? 니 커 뿌 커이 후에이찌아? Nǐ kě bu kěyǐ huíjiā? 너 집에 가도 되니?
해설: 你(너) 可以(~해도 된다) 回家(집에 가다)
이음절 단어를 정반의문문으로 표현할 때는 앞에 음절만 반복하여 표현한다.
조동사 '可以'의 정반의문형은 술어인 '回家'앞에서 '可不可以'로 표현한다.

Memo

영어가 안 풀리면 마풀하라!
일상 속 영어가 마법처럼 풀린다

- **왕기초영어**
- **기본영어**
- **조승연의 비법영어**
- **스타영어** 다니엘 헤니 / 수현 / 마틴 킴
- **테마영어** 직업 / 엄마 / 요리 / 해외직구

다른 걸로 안 풀리면 마풀하세요! www.mapoolcampus.com

중국어가 안 풀리면 마풀하라!

언어 천재 조승연 강력 추천!
한글로 누구나 쉽게 배우는 마풀중국어

*발음, 성조부터 고급 회화까지

- **입문** 성조 / 발음 / 발음법칙
- **기초** 어휘 / 문장
  패턴 / 회화
- **초급** 어휘 / 문장
  패턴 / 회화
- **생활중국어**

다른 걸로 안 풀리면 마풀하세요!
www.mapoolcampus.com

이 교재는 마풀중국어 온라인 학습을 위한 워크북입니다

값 10,000원

ISBN 979-11-87993-16-2 13740
ISBN 979-11-87993-13-1 (세트)

마법처럼 풀린다